エンパワーメントの詩学

フェミニズム×カウンセリング，

従軍慰安婦，アート，

ジェンダー，フェアトレード

高原幸子 著

晃洋書房

は し が き

　バンコクの喧騒と，北部タイのゆったりと流れる時間の両方を指しているのであるが，フィールドとして何度も訪れているタイでは，いつもその五感を駆使して風景に溶け込むという体験をしている．人との何気ない会話やインタビューのあと，その話を聞いたあとに見る風景こそが，思考を研ぎ澄ます意味があると感じたことが多々ある．

　前著『媒介者の思想』では，人身取引（trafficking）という社会構造のもと，主にタイと日本にある歓楽街で働いたことがある，またその可能性がある女性とその背景を探るというテーマが主調であったが，そこから脱領域的に近代化と開発経済，文化と社会規範，植民地主義，さらにフェミニズム（女性解放思想）の追求へと広がっていった．フェミニズム（女性解放思想）は，西欧近代の思想からその起源を辿るという方向性がひとつ考えられるのであるが，タイにおける女性やセクシュアル・マイノリティの人権という角度を思考することで，その風景と文化接触の紡ぎ出す物語や世界観からフェミニズム思想が導かれることはある．

　こうした道筋を辿るにあたって，アジアに広がっている社会的な革命に近い演劇ワークから，学びたいと思う．アジアは，大東亜という戦前のイメージがあり，またオリエント（東洋）としてのアジアは，地理やひとつのイメージにも収まりきらない．日本の舞台芸術において，「アジア」との実践が意識された場面は，1990年代に置かれる［高橋 2022］．その場面は，筆者の歩んできた研究における，アジアにおける国際協力の歴史と重なるのであるが，1970年代から，演劇においても東南アジア，中東，中南米などを中心とした第三世界論のひとつとしてアジアの演劇は捉えられていたところがある．

　さらに，ワークショップという実践が意識された背景には，アウグスト・ボアールやパウロ・フレイレの手法として，貧困状況における識字率の向上などを目指し，身体技法を伴う演劇が示された，という歴史が広がっている．

　実際に，フィリピンのJFC（日比国際児）の当事者の人々が，演劇という手

法で自分たちの背景を伝えることをしており，また，本書で展開するタイの
SEPOM（タイ―日移住女性ネットワーク）においては，身体技法のワークショッ
プおよび，当事者女性たちの演劇は，マカムポンという演劇グループが社会実
践としてかかわっていた．

　演劇は，身体，視覚，空間認知に関する「問い」を提示し，文化接触の場を
創出する．フィールドにおける「風景の哲学」を展開するために，演劇が示す
身体技法や，見ること／見られること，空間の奥行，発話する言葉と身体的位
置づけなどから学ぶことは多くある．

　本書の第1章と第2章においては，フェミニズム（女性解放思想）のもとで，
フェミニスト・カウンセリングおよび演劇セラピーについての思考を展開する．

　ここにおいて肝要なことは，まさにフィールド探訪における交流や接触，そ
してものごとの流れには，主体という哲学的な問いがどのように立てられるの
か，という論理が敷かれているのを観察することである．そして演劇が示す，
身体，視覚，空間，言葉，音声といった物質的なものが，「主体形成」という
哲学的な問いと交錯し，どのように行為する人間同士の接触や交流が展開する
のか，またそれに風景（三次元の空間性）はどのようにかかわるのか，といった
問いを見つめることである．

　本書の目的は，フラジリティ（感性）の広がる世界のなかで，身体，表象，
イメージ，象徴のしくみがどのように関係をもっているのか，について探求す
ることである．

　フラジリティという言葉の日本語の定訳は「脆弱性」である．しかし，ドゥ
ルシラ・コーネルとケネス・マイケル・パンフィリオの共著『新しい人間性に
向けての象徴様式』[1]では，象徴の前にある生という存在に向けて形容する言葉
としてフラジリティを用いている．弱くはかないものでも，傷を負うものでも
なく，「感性」と邦訳を示したのは，ある美的な表現を覆う，まさに表現がな
されようとするその場の性質を表すためである．

　フェミニズム（女性解放思想）の現在は，第三波フェミニズムというメディア
アート等を通じたなかで表現される自己としてのあり方を問われている．また，
ポストモダンという思想との同時代性，ジェンダー，階級，人種，セクシュア

リティ，障害といった指標との交差性が見いだされている[2)].

　第一波は，20世紀前半から展開された政治的権利を獲得するフェミニズムである．また第二波は，1970年代からウーマン・リブで展開された，性的差異そのものにまつわる身体と社会経済への問いかけがあるフェミニズムである．こうしたなかで，表現及び表象，アートへの問いかけが[3)]，現在の1990年代からのポスト社会主義における新自由主義的時代状況において，顕著に現れていると言えるだろう［マクロビー 2022］．

　本書は，こうしたフェミニズム（女性解放思想）の流れのなかで，表象としてなされているもの，表現されたものが示す形象や動態をどのように解釈するのか，という点について掘り下げようとしている．

　何よりも，二つの方向性からの理論の捉え方が，フェミニズムおよびジェンダー・セクシュアリティの分野において存在し，その相容れなさが先行研究としての課題であり，その対立状況を緩やかにつなげ，別のステージへと架け橋をするという方向性を抱えていることが，本書の隠れた主題である．

　それは，アメリカ合衆国のフェミニズム理論のあいだで，ナンシー・フレーザーとジュディス・バトラーの対立となった「再生産と承認」の課題であるし，日本のフェミニズム論争における上野千鶴子（背景にはカール・マルクスの理論が存在する）と江原由美子（ミシェル・フーコーの理論と近似する）の「再生産と権力作用（言説）」の課題とも重なる．

　本書においては，軸足を「承認（recognition）」および「権力作用（power effect）（言説（discourse））」に置きながら，第三の視点である「表現（expression）」，「表象（representation）」，「アート（art）」といった美的次元に架け橋をして，哲学，思想のなかで提示されてきた「女性的なるもの（性的差異）」と女性解放思想という経験から紡ぎだされる痛覚等を頼りに表現される思想とを交錯させる．

　別様に言い換えるとすると，本書は，エンパワーメントという「力づけ」とも表現される概念のもと，その文化・社会的構成を主体論とのかかわりのなかで議論する．

　そのなかで，性的差異のもとで身体，自然，言語，経済といった構成があることを，文化表象の領域から，それが普遍性となりうるのか，という視点を持

ちながら解明する．ジュディス・バトラーは，弁証法に備えられている否定性，及び精神分析で捉えられるトラウマを転化する可能性を示唆している．身体性や経験の純粋さに陥ることなく，どのように分節化していくのか，というためには，表象の体制と主体の関係を問うことが必要となっている．その表象のなかにおいて内在化する詩学を読み解くことをおこなおうとしているのである．

　本書は次のような構成になっている．

　第Ⅰ部においては，身体に着目し，フェミニズム（女性解放思想）に基づくセラピー文化について考察する．特に，タイと日本に渡る人身売買の犠牲者となった女性たちの演劇セラピーに着目し，個人の物語が，どこからが政治的言語形成となるか，について論じている．さらに，グループにおいて連帯する民主的なあり方を模索しながら，なおかつエンパワメントの構成を，主体形成の捉え方から見いだそうとしている．

　第Ⅱ部においては，表象に着目し，アート作品としてホロコーストの記憶を抱えるエヴァ・ヘスの空間作品から意識，空間，非物質への問いを見いだす．そこには，家族関係にある痛みが，性的差異と悲劇的な物語のなかでどのように表現されるのか，について追求する．

　第Ⅲ部においては，イメージと象徴に着目し，日本軍従軍慰安婦の象徴としての「平和の少女像」をめぐる表現の位相を，エルンスト・カッシーラーの象徴様式の哲学に照らし合わせながら，議論する．第Ⅰ部および第Ⅱ部で展開した，感性が，どのように精神とかかわりを持つことができるのか，というテーマを展開する．

　第Ⅳ部においては，自然に関する表現アートが，ジェンダーという概念とどうつながり，どのように錯綜するのか，という点について議論する．また，モノとしての布の象徴作用によって，自然や物質の客観性が主体との対比のなかでどのように展開されるのか，についても論じる．

注
1） Cornell, Drucilla and Keneth Panfillio, *Symbolic Forms for a New Humanity-cultural and Racial Reconfigurations of Critical Theory,* Fordham University Press, 2010.

2 ）　ここにおいて，アート（art）として表現されるものは，美術・音楽という学校教育での科目にも関係するが，むしろアート（技芸）という性質の表現活動全般を指している．

3 ）　2022年 3 月まで，金沢21世紀美術館にて開催された，『フェミニズムス』という展覧会は，第三波フェミニズムの表現活動に焦点をあてた時代環境と同時性を持っていた．

本書は金沢星稜大学総合研究所より出版助成を受けている.

目　次

第 I 部

フラジリティ（感性）と身体

第1章 フラジリティ（感性）の身体的次元

1 - フェミニズム認識論に向けて

　同じ立場の人間が，また同じような経験をしてきた人々が集まってグループを作り，被ったことや今まで話しにくかった事柄を話し合い，励まし合い，力づけ合う場をもつことを，セルフ・ヘルプ・グループ（SHG）という．エイズ患者やがん患者，犯罪被害者や自殺者とその家族など，また薬物やアルコール依存症患者同士のグループなどがあるが，本章では，特にフェミニズム（女性解放運動／思想）にかかわる SHG を念頭において考えたい．ドメスティック・バイオレンス（DV）や性的虐待を受けた女性たちの会，また離婚経験がある女性たちの会，性的マイノリティや外国籍の女性たちの自助グループなどが存在している．

　特に本章においては，移住女性たちの SHG を活動の柱として置く北部タイにある NGO における状況[1]から見られることを基礎にしたいが，ウーマン・リブやフェミニズムのなかで取り入れられていた自助や互助の手法において，自分たちの社会的立場や己の内面に潜む規範からそれを克服しようとする意識覚醒／意識化／意識変革（コンシャスネス・レイジング／CR）がどのように行われるのか，という点について明らかにしていきたい．

　それは，CR のグループができていく過程において基底になってきた「個人的なことは政治的である」という考え方が，社会的な構成であるジェンダー（社会的・文化的性差）概念の自己内対話を通じてどのように，ある結節点に至るのか，また性的自由としての心的空間を保つこと（D. コーネル）は，どのように社会的平等とつながることができるのか，といった問いを置くことにもなる．

　CR はセラピーではなく，女性の抑圧を理解し，社会の変革につなげることに力点を置く（田上時子）ことが主眼となっている．その中では，グループの

自律性や組織化，個人間の共通部分と個人の差異をつねに認識せざるをえない
ことが，何か別様の自己認識へとつながる可能性にはならないのか．

　性支配の意識化と自立への志向が，自己開示を通じた，まるでかみそりの刃
の上を歩くような力学を持つものであることを，理論と実践の乖離などという
手垢のついた表現を使うことなどで思考できるわけもない．だからこそ，こう
いった力学を「矛盾の包摂」として，現象とその一様の意味の体系的世界に埋
め込むことではない，その臨界域に留まり続け，解放の糸口を探す必要を感じ
る．

　ある自助グループに自分自身の位置づけをはっきりとさせずに入ること，も
しくはオブザーバーとして入ることは，つねに自分は何者かという問いを宙吊
りにし，ある化身を身に引き受けざるを得ない行為である．当事者性とは，言
語主体になるものをはっきりとさせ，そうではないものを区別する作用がある．
実社会において言語主体にはなかなかなれない者たちが集って小グループをつ
くるのであるから，そのなかで自分を安心して出せる空間は貴重なものであり，
それが各自の居場所（ホーム）と言えるものとなろう．

　それと同時に，自助グループのなかで語る言葉が客観性を持っていく過程が
見受けられよう．自分が語る物語の整合性のなかに他者が潜み，ある表象が重
なり合う過程において，一度きりの対象化や客体化では見いだされない無限の
潜在性が見いだされる．それは，〈客観〉と言う事象として捉えてもいいのでは
ないか．

　それは決して個々人の主体性や意思が希薄なのではなく，一個人の言語主体
に発話の帰属を固定させることではない自律性を持たせる試みなのではないだ
ろうか．政治と言うことができる世界が，自由意志を前提とした道徳的共同体
を基礎として，そこに帰属することで人格を保持することができるのであれば，
その下位概念となる性差はこうした共同体に二重三重の意味で序列化されてい
るものであり，そこに新しく主体を見いだそうとしても同質の共同体を再構成
することになってしまうのではないか．

　ここに，言語や認識を司る主体形成自体に着目する必要が見いだせ，混乱や
悲しみなどの身体表現，祈りなどとの関連を言語化する試みに進む手立てがで
きると考えられる．

　岩谷良恵は，複数の人々の「話し合い」（speech）によって成り立つ空間であるハンナ・アーレントの「政治」概念を基軸にしながらCRを再考しているが，CRからフェミニスト・カウンセリングへの移行のひとつに，感情の吐露への一体化や個人への閉塞につながる点があることを指摘している[2)]。

　「個人的なことは政治的だ」という基底において，自己自身を解放する試みが，むしろ傷を被りながらでしかできないことは，この個人への閉塞にもかかわるだろう．なぜ傷を負うのか，ここでは二点だけ指摘しておきたい．まず一点目は自分自身の活動や信条指針にしているはずの性（ジェンダー）規範を問わなければならないことは，文字通り，身も凍る出来事であるからである．それも直接的・間接的に他人から正しさを盾に指摘されることほど怒りや感情の高ぶりが出ることはなかろう．

　二点目は，自己の対象化や客体化によって浮かび上がる表象自体が，自分自身のものとはかけ離れた感じを受けるということ．また，その表象自体によって自己自身が押しつぶされそうになることも起こりうるからである．

　こうした「個人的な」ことの奥底にあるだろう性の自己像においては，外側から自己同一化（アイデンティティ）として男性，女性，ゲイ，ストレートとして見ることは難しく，その代わりに自分を非常に深く「内側」から「性を帯びた」ものとして見ている（D. コーネル）[Cornell 1998：邦訳 78]．

　「個人的なことは政治的だ」ということは，自分自身が社会的存在だということを「意識化」すると同時に内部の「性を帯びた」ものが曝される瞬間でもある．その主体化にまつわる動態を明らかにしていくことが，これからの主題となる．

２・コンシャスネス・レイジング（CR）の流れ

　コンシャスネス・レイジング（CR）が登場したのは，1960年代のアメリカのウーマン・リブ運動（第二波フェミニズム）の勃興のなかであり，小さなグループが全国組織NOWから分かれ草の根的に広がっていった．男性主宰によるグループとは異なり，力関係や上下関係を持たず，家父長の象徴であるリーダーを置かないで参加する人を意識的に育てていくことを目指したものである

［田上 1994：9］.

　CR に似通ったものとしては，途上国の識字率の低い地域でのワークショップや，文化大革命前の中国での政治目的で行われていた意識化も挙げることができる．また車座になって思考地図を作成したりする国際協力 NGO や多文化教育など広義のワークショップは CR に近似するものとして考えることができよう．

　タイのチェンマイに事務所を置く，法と開発に関する女性アジア太平洋フォーラム（APWLD）では，フェミニストの法理論と実践を推進している．そのために社会状況や男性の基準から不平等の分析をするジェンダー分析と，女性の経験を女性の権利への闘争へとつなげる政治的宣言としてのフェミニスト分析とを分けて考えながら，実践への架け橋として，次のように異なったフェミニストアプローチを提出している．（APWLD）

 (A)　リベラルフェミニズム：リベラリズムの流れを汲み，正義や平等，自由に価値を置き，第一に公的空間に焦点を当てた．また男性と同等の権利に値することを主張した．しかし，男性的基準によって測られることによって，女性の差異を議論する余地を残さない点が残され，平等の機会によってより女性のやるべき負担が増えたと指摘される．

 (B)　ラディカルフェミニズム：女性的差異に着目し，家父長制を階級やその他の支配よりも以前にある最も古い支配形態とする．私的領域に属する結婚や家族の制度やそこでの女性の役割に挑戦する．このようにしてジェンダー化されたアイデンティティや労働編成，それによる女性に対する差別を表面化した．

 (C)　マルクス主義フェミニズム：主眼点と政治的構成は階級的不平等である．女性の従属は，資本主義と私的所有に結びついている．すべての抑圧や従属の元はこうしたシステムであるとする．

 (D)　ポストモダンフェミニズム：女性たちを，単一のアイデンティティを持つ集団としてまとめたり，分析したりすることはできず，女性たちのあいだの多様性を保持する．それは，階級，エスニシティ，セクシュアリティ，カーストなどの多様な形態の差別を議論する［APWLD 2005: 13-14］.

　こうした異なったフェミニストアプローチは，たとえばフェミニスト・カウンセリングのような実践において尊重される．法と開発に関する女性アジア太平洋フォーラム（APWLD）が1998年に韓国で，1999年にインドネシアでおこなったフェミニスト・カウンセリングのワークショップでは，次のようなガイドラインができている．

　女性が抱える問題の根のところに家父長制があり，その規則や基準や価値によって，女性の生が決められているのだということを認識し，その抑圧や差別を取り除くというフェミニストとしての自覚から始まり，エンパワーメントという概念を使用するようになるというフェミニストの理念を女性たちに紹介する．それによりフェミニスト・カウンセリングは，女性たちに家族における権力作用による暴力や抑圧の条件や要因に気づくようにし，孤立よりも個人のアイデンティティや自己価値の感覚を促進し，避難施設などの支援機構によって自己尊重を回復し，そこから女性の権利やジェンダーに配慮した政策への活動によって社会変革を目指すという．

　このようなプロセスで重要な点は，脱困惑化とセラピーであるという．性的虐待などによってすべての事実に至ることができないゆえの混乱状況に対し，暴力が起こるパターンや，加害者の振舞い方，法的権利の情報などを示し，決して女性自身の不適合や自責に帰することなく，知らないゆえの不安を取り除くことが脱困惑化である．

　また，セラピーの要素として，4段階のステージを呈示している．

　ステージ1　物語を語る：問題の根に辿り着くような物語の詳細を女性が語る．そのとき，カウンセラーは現実としてそばに居て，よく聴き，共感的であること．そこでは伝統的カウンセリングでは許されていないカウンセラーの自己開示を，タイミングや話す量に注意深くするならおこなえる．

　ステージ2　悲しみと頼りなさの表現：カウンセラーは共感的であり，女性としての感情を持ち，クライアントの見方でものごとを見て，悲しみや痛みや抑圧の表現に向き合う．カウンセラーの痛みを表現することは必要ではないが，そのような痛みになんとか対処し，解きほぐすような資本

を分かち合う．また，よくものごとが見えるように，カウンセラーは論理的な道筋をつけるために質問をしたりする．

ステージ3　抑圧の認識：問題解決や決定を進める実践的技術が必要となる．たとえば怒りの感情を咎められたりすることなく表現し，意識覚醒をする段階となる．怒りは起こった不正を見ることができるようにし，必要な変化を教えてくれる．アジア太平洋において女性が怒りを表現することは至難の業でもある．怒りをむしろ自責へと転化してしまったり，心身の不調へと帰結してしまったりもする．しかし，女性が抑圧に向き合い変化へと動き出す重要な機会でもある．

ステージ4　変化への働きかけ：彼女の居る状況を変化させようと決定する段階．時々クライアントは彼女の置かれた現実に気づき，より落ち込むことがある．この段階では，カウンセラーだけではなく，サバイバーの自助グループなどへの参加も行われる．CR をおこなうフェミニストグループの組織は，通常セラピーは行わないが，フェミニスト・カウンセラーたちは，CR をセラピーの手段として用いる．

　フェミニスト・カウンセリングが通常のカウンセリングと異なる点は，客観的な立場を超えて自己開示をすることもありうる点と，個人的な選択と社会的行為が重なるような政治的意味を伴う点である［APWLD 2003: 4-13］．

　以上の二点は，フェミニスト・カウンセリングが CR の息吹のなかから出てきた運動であることを示していると言うことができるであろう．では，初発のCR の思考や行動はどういったものであり，解放をどのように考えていたのだろうか．

　キャシー・サラチャイルドは，ラディカルなフェミニストのプログラムとして，1973年のニューヨークで行われた女性の権利の全米集会にて CR を提出した．ラディカルとは，根（root）というラテン語の意味を持ち，社会の根元にある問いに関与することを示している．これは，性に基づく隔離や差別の障壁を止めさせ，男性中心主義的なものの考え方を突破するような，平等と女性の解放を形成していく過程を表わしている．家事や子育て，セックスなどは，どちらかというと嘆かわしく，非政治的な課題として扱われ，同一賃金同一労働

といった職場での賃金格差などは議論として積極的に扱われたという．1968年には，女性解放運動として全米ミスアメリカコンテストに反対することや，ハイヒールやガードルなどといった女性の身体を「女らしく」する道具に反対するアクションをおこなった．

　CR の重要な観点として，よく女性自身の感情を聴くことにより，彼女自身を分析するのではなく，彼女の置かれた状況を明らかにし，知識を得ること以上に女性自身や女性の内面を変えることではなく，男性的価値観の至上を変革することがある［Sarachild 1975: 44-150］．

　エレン・ウィリスが述べるように，リベラルからラディカルへとフェミニズムが CR を武器としながら変化するには，中絶に対する議論やブラジャーを焼くといった行動によって女性に負荷されている女性的な価値を根本的に変革するような，一見してグループ自体が分裂していく方向へと動いていく機運があった［Willis 1992: 58-59］．

　ラディカル・フェミニズム自体は，反人種差別的，資本主義・帝国主義反対の立場に立ち，レイプ・クライシス・センターやドメスティック・バイオレンスのシェルター，女性のヘルスクリニックなどを立ち上げる運動もおこなった．それは，シュラミス・ファイアーストーンなどが中心になり，新マオイストの唯物論者として中国との親和性を持ち，家族主義への批判や性的解放，人種や階級闘争への関与を持っていたことにも関係するだろう［Willis 1992: 118-119］．また，唯物論者の立場からシモーヌ・ド・ボーヴォワールには，人間の自由が自然征服から成り立っていることを問わなかった点に異論を述べていた［Willis 1992: 159-63］．

　以上の点は，文化的（カルチュラル）・フェミニズムをどう考えるのか，また唯物論思想はレズビアンと連帯できるのか，という問いを喚起する．

　カルチュラル・フェミニズムは，ライフスタイルや個人の解放に焦点を当て，別様の女性文化を作り上げようとするものである．しかし，政治的・経済的男性至上主義の体系を変革しない限り，個人の変化を望んでも，それ以上は進まないという点と，私たちの自由がモラルや宗教性と結びつき，母系制の至上を促すのではないか，という危惧に晒される［Brooke 1975: 79-83］．

　ダンスや前衛アートの批評をしながらレズビアン・フェミニストの運動に関

与していたジル・ジョンストンなどの立場性と，多くの左翼集団が女性解放を
述べるフェミニストよりもレズビアンに対して寛容であることに疑義を唱える
社会主義フェミニストたちとの確執は，やはり性差別自体の解体を目指すこと
で変化の兆しを見せた［Brownmiller 1999：178-179；Redstockings 1975：190-98］.

　CR が，女性自身の適応を促すものではなく，社会的・文化的に強制された
もの，その社会自体を変革するという立場は，グループセラピーや自助グルー
プに専門家が入り，社会への適応や心理療法をおこなうこととは根本的に異
なっている．CR のテーマはさまざまであり，「母性について」，「女らしさに
ついて」，「結婚について」，「女の性について」など，起こった出来事や何を
やったかという現象を問いかけることよりも，そのときの自分の意識がどうで
あったか，今どう感じているのかという自分を見つめる作業を重要視する［田
上 1994：40-48］.

　加藤伊都子は，NOW（全米女性機構）の1975年に出された『フェミニスト
CR のガイドライン』の原理からその目的について，CR 講座を実際に運営し
ながら分析・検討している．そこでは，個人の強さや尊厳，能力に気づくよう
手助けし，女性たちが自信を増し，他の女性をより近しく感じることができる
ような感受性訓練の場を挙げながら，しかしそれはフェミニストの意識覚醒で
はない，とする原理から，「社会における力の概念」，つまりは政治的論点の欠
如を確認する．性差別社会の抑圧を内面化した結果の内的抑圧に気づき，それ
を解放することが CR の目的だとされているが，そこに向けられていた力を，
外的抑圧を撃つことへ振り向けるという発想が日本での自分たちの CR には欠
けていたのでは，という反省が込められている［加藤 2002：76-85］.

　しかし，加藤が述べる自分たちの共通部分よりも差異のほうに敏感なこと，
日常や身近な人の話に終始するのも女性性が絡んでいるのではないか，という
指摘は日本社会に限らず多くの CR に近似したグループを実施している地域に
も見られるのではないか．性差ゆえの政治化が内部に痛手を負うような分裂を
引き起こすことは，多くのリブ運動や女性グループの分裂などからも鑑みられ
ることである．

　田上時子は，CR において始まりからジェンダーの問題であると指摘されて
もなかなかそれぞれ個々人には入ってこないもので，体験とマッチするような

「意識化」が起こることが必要であるとする［田上 1994：23］．さまざまな感情の表現がひとつの言語化として行われることで，それが女性ゆえの認識構造において起こることを理解する手立てとなる．CRでは，グループでの相互作用が重要視されるが，むしろ個人が孤立し超越した領域を獲得したときに初めて性差を認識することができると考えるほうが妥当だろう．

3 - ウーマン・リブと身体への問い

　1960年代終わりから70年代にかけての女性解放の運動が日本各地で起こったとき，多くの女性たちが自分たちのいる場をかけてデモや研究会，ミニコミ誌や演劇といった創造的な活動を担っていた．こうした活動は，新左翼や政党色の強いグループなどとの競合・分裂を伴いながら明晰に今ここにいる女の位置を言語化する過程を経ていたが，みずからの身体とのかかわりを拠り所にしていたと見ることもできる．しかしもう一方において，経験的な身体というよりもむしろ〈女〉というしるしに付着した潜在性を浮き彫りにしている．

　　「自己の意識内にある問題を普遍化できなくて，運動を外から眺める者に，最初から一般的にそしてその分だけ浅く薄くなってしまったものをつきつけても何ら動かされる所はないと私には思われた．一般的に女の矛盾を語ることはたやすい．普通には，子供，結婚，労働というもっとも矛盾が凝縮する点から女の問題が語られる事が多い．―中略―現にここにいること，学生であることがどういうことかが明らかでない限り，いかに労基法を優生保護法を語ってみても，遠く目に見えぬものだ―中略―"学生"である女たちは表面だって"女であること"は要求されてはおらない．しかし"女であること"は，厳とした事実として横たわっている．が"自立"の契機が"人間として"の個体能力の上層性にある私たちの階層では，結局のところ，右左に拘らず，その"女であること"を潜在化させて生きているように思える．運動という局面においては，階層性の差異からくるそのような微妙な女の意識やその差異は問題にされない．"差別"という言葉は，それが明確に形としてあるときは非常に正統で便利であるが，あ

くまで"政治"レベルの表現であるような気がする．自分の中の女という
個的状況のワクの中から脱け出られなくて"存在"レベルで女たちがこぼ
れていくとき"差別"という表現のそこに届きえない不快さは，貧弱さは
どうにかならないのだろうか．女たちの全体的状況を与えられたありきた
りの言葉で言ってみたところで，階層的な差異にくぐもる女の意識，たと
え潜在化していたとて，しかし確実にひそやかに持続している女の意識は
とらえられるのだろうか．私自身はそんな階層の女を典型的に生きている
ように思われるのに」[4]．

　ここでは，女であることの裏面にぴったりと張り付く生産性の論理のなかで，
〈女〉という存在自体を語る必要性が問われている．また集団の運動体による
「政治」に微妙な違和感を受け取る様子が伺われ，存在レベルでの取りこぼし
の意識が見いだされる．

　　「政治課題が何かむなむなしく並べられていたあるグループとの話の後，
　　じゃ政治とは何なのだ，わたしみたいにこんなうじうじした甘いものじゃ
　　ないんだ，存在が……なんて言葉を吐き出す世界じゃないんだと苦しい問
　　答が続いて，最近は半ばあきらめ的境地にいる」[5]．

　まるで意識の中枢にあるかのごとく，女であることの存在が要請してくるこ
とに呼応せざるを得ないようである．

　　「［女］ということを意識せずにいられたら，どんなにかわたしの心は軽
　　くなり，どんなにかわたしは自由になれるだろう．なのにうんざりしつつ
　　結局わたしは［女］からはなれられないのだ．意識するのはやめようと
　　思っても意識させられてしまう．そしてわたしはそれを見すごしてしまう
　　ことができない．さわやかにそれをうけ流すことができたらどんなにいい
　　だろう．不器用にそれにぶつかって，わたしは傷あとばかりつくってしま
　　う」[6]．

　身体を丸ごと言語としなければ，自己の存在を表すことなどできないようだ
と気づくのかもしれない．

　「自己について語る言葉にたえまない疑問詞を抱きつづけ，この疑問詞
を抱くかぎり，おのれの「置かれた状態」は放棄しなければならないもの
ではあるまいか．しかし，放棄などというたやすい言葉で，「自己の存在」
をみとどけることができるのか．第一，自らをだますことなく，女にとっ
て〈存在〉などというものがあるのか」[7]．

　北九州福岡で発刊されていた『無名通信』は，大状況を問題化するための解
放論や政策論から一線を画し，ここの内心よりものを見て女を描き出す，個人
の体験の言葉化，思想化をモットーにしていたが，河野信子はその存在論の依
拠を，女性の思想家や運動とともにマルクスにも置いていた．

　「女にとっての運動とは，生命の生産の様式をまるごと変えていくもの
でなければならない」[8]．

　リブ期の多くの場所において，マルクスによる経済的価値，生産様式などの
言語を引用して思考の糧にしていることが多く見られる[9]．河野信子は，「非存
在の確認」として，マルクスによる自然的な諸力を備えた一個の活動的な自然
存在である人間としておのれを定立する前に，対象世界をおのれの外部にもつ
ことなどできない女の非存在を語る．膨大な精神の領域の集約としての自然存
在は，社会史のなかで形作られたものであり，「決して完結することのない自
己」が飲み，食い，生むといった行為をし，その社会史が集約されたなかに存
在し得なければ，この世のよそものであり，たえまない流浪と，魂の分裂との
なかにいる．女たちの身じろぎは，この世のよそものであることから出発し，
疎外にもいたらぬ悲惨を吸っているという[10]．存在論を定立させようとして思考
の機軸となるような主体を立てることは，すでに外部化されているような身体
を含意する〈女〉の存在形態においては無理であり，生成されていく自然存在
にすでに巻き込まれているなかで思考の凝固点を探るしかないのであろう．
　「女の生理が，女の強さ，女の総体性の源泉としてあるというあたしの［直
感］は，ただし創造活動に結びついたその生を，前提にしている．男の腕の中
以外に，己を確認しえる場をもちえるかどうかにそれはかかっている．つまり，
男に向けて，存在証明していく欲求しかもちえない以上は，女は，どのような

職業につこうが，どのようにラディカルを装おうが，その子宮は子産み機械としてのそれであり，物と化した子宮なのだ．しかも，創造活動に向けて，己れを求めていく自己凝固のそのあり方が，男のように引き出しをとり片づけてしまうことを通じてではなく，己れの，そのとり散らかした引き出しに固執し続けることによって，自己凝固を図っていくかどうかがさらなる問題なのだ．女の総体性は，拡散に固執し続ける中に蘇る」［田中 1992：199］．

　1990年代以降に進んだ，身体に焦点を当てながら「女の根拠」，「女の経験」という実体的なものはなく，社会の中で構築された生をその都度引用しつつ生き直しているという社会理論の解釈[11]は，その効果として主体を据えた女の解放それ自体までも無化してしまうのではないか，という危惧に見舞われた．しかし先述の田中美津の言葉には，「拡散した，とり散らかした引き出しに，創造活動に向けて自己凝固を図る」というあり様が示唆されており，集団としての女性ではなく，総体性としての女性が個々の意識のなかから解放されていく方向が見いだされる．1960年代後半から70年代にかけてのリブ期に，ある意味においてジェンダーの社会構築性をすでに先取りしていたと見ることもできよう．

　このような，女の存在を問う志向は，身体自体が精神の従属物か，「意味が書き込まれる受身の媒体か，文化的意味を決定していくための道具か」[12]といった問いとともにあるが，同時に，「人体のまとまり」や「人体と自然界との関係性」といったゆるやかで多様な収束や分散にも開かれている．

4 - 自助と互助のあわい

　次に CR が持つ言語の獲得が社会変革につながる点として，パウロ・フレイレの識字教育における思想との接点を見ていきたい．これは，フェミニズムの世界同時的な勃興のなかで第三世界からのより実践的な呼びかけ[13]ともかかわりがある．

　フレイレは，フランツ・ファノン，アルベール・メンミ，アミルカル・カブラルといった植民地主義に対抗した第三世界革命家・思想家からの影響を強く受けており，実存主義や現象学を基底としたヘルベルト・マルクーゼ，アントニオ・グラムシ，ゲオルク・ルカーチといったマルクス主義に基づく思想を実

地の識字教育を支えるものとして展開している．1960年代初頭，住民3000万人の約半数が非識字者であったブラジル東北地方において，フレイレはその状況を「沈黙の文化」と呼び，農民や労働者との対話によって識字教育をおこなった．

　CR において見受けられる，主観的意識と客観的現実から抑圧の気づきを経て自己の認識が変化することは，フレイレが「被抑圧者の二重性」と捉えている過程になぞらえることができる．それは，「A が客観的に B を搾取したり，B が責任ある人間として自己肯定を追求するのを妨げたりするどのような状況もすべてひとつの抑圧である」[15]，とする．この抑圧状況によって矛盾し分裂した存在として被抑圧者はある．そこにフレイレが抑圧者のモデルとして呈示するのは，銀行型教育概念[16]であり，温情主義的社会活動装置を用い，被抑圧者を周辺の福祉受領者とする型である．被抑圧者は決して社会の周辺人でもなければ，社会の外側で生きている人間でもない．かれらはつねに内側に，構造の内側におかれ，解決策は抑圧構造に統合することではなく，かれらが自分自身のための存在になれるようにその構造を変革することにある，とフレイレは述べる．

　これに対立する教育としてフレイレが提起するのは，「課題提起教育（problem-posing education）」であり，意識的存在としての人間と，世界に向けられた意識としての意識を採り，志向性を生み出さなければならない，とする．ここにおける意識の特質とは，抑圧という意識形態における「分裂」意識自体にも眼を向ける意識であり，認識対象が認識行為の目的になるのではなく，認識者を相互に媒介するような学習状況を指す．

　　　「人間と世界の弁証法的関係は，この関係がどれだけ知覚されているかということとは無関係に（あるいはそれがまったく知覚されていようといまいと）存在するけれども，人間がとる行動形態は，かれが世界のなかでどれだけ自分自身を知覚しているかに応じて大きく機能を変える」[17]．

　これは，フレイレの実践と理論の重要概念となる「意識化（conscientization）」（もしくは「人間化」）のひとつの説明となるもので，何ものかになりつつある過程の存在として，同様に未完成である現実のなかの，現実とともにある未完成

で未完了な存在として人間を肯定する.

　成人の識字過程を認識行為として捉えると，現実的ないし具体的脈絡が提示する事実を，対話の理論的脈絡のなかで批判的に抽象化する過程と述べることができる.

　　「対象的に認識する ad-mire とは，非我 not-I を客観化することである. それはひとつの弁証法的作用であり，この作用が人間を人間として特徴づけ，人間を動物から区別する. それは，人間の言語がもつ創造的次元と直結している. 人間が非我を把促するために非我に立ち向かうこと，それが対象的に認識する ad-mire ことの意味である. したがって認識さるべき対象をつき放して凝視 ad-miration せずして，認識行為は存在しないわけである[18]」.

　またフレイレは，この対象化の言語構造を対話的行動理論[19]としてマルチン・ブーバーを引用しながら次のようにも展開している.

　　「反対話的で支配する側の我 I は，支配され征服される側の汝 thou を，たんなるそれ it へと変形する. しかしながら対話的我は，自らの存在を出現させたのがまさに汝（非我 not-I）であることを知っている. かれはまた，かれ自身の存在を出現させる汝が，同時に別の我にほかならず，その我のなかに汝があることも知っている. 我と汝は，こうして，弁証法的関係のなかでは，ふたつの我になると同時にふたつの汝になる[20]」.

　これは，世界と我（自己）が対立項として在るのではなく，非我という創造的領域を媒介することで認識が成立することを表わしている. 自己は決して独立して存在しているのではなくて，互いが成立しうる非我とともに存在している. フェミニスト・カウンセリングが二者間の役割分業と言い切ることができず，また CR が同属の共同体の再生とはまったく異なることは，こうした非我という領域の自己生成的なあり様によるのだとも言えよう.

　抑圧による二重意識と呼ばれるところから癒されることと政治的解放とが同時に訪れるのか，それは人間化（意識化）することが必ずしも抑圧者になることとは同義語ではないことからも分かる.

5 - ヒューマニズムと実存

　フェミニズムの CR が示した抑圧から解放への初発の問いと，フレイレの「意識化」から鑑みられる世界とともに開かれてある存在としての人間論は，自助（self-help）が人間性の歴史を受け継ぎ，実存を改めて問い直すきっかけを与えてくれる．

　それは，人間性からの導きによる贖罪への働きかけはあるのか，というどちらもヴァルター・ベンヤミンの『歴史哲学テーゼ』を引用するドゥルシラ・コーネル（『自由のモラルイメージ』）やポール・ギルロイ（『黒い大西洋』）の問いに結実する．[21]

　コーネルは，ベンヤミンが用いる経験（Erfahrung）という語が神話を通じた自省への道筋を持ち，そのような経験が可能となる道徳的行為体への可能性につながるような「弁証法的イメージ」を手元に攞いておく．

　　「メシアは，たんに解放者として来るだけではない．アンティキリストの超克者として来るのだ．過去のものに希望の火花をかきたててやる能力をもつ者は，もし敵が勝てば『死者もまた』危険にさらされる，ということを知りぬいている歴史記述者のほかにはない．そして敵は，依然として勝ち続けているのだ」．（ベンヤミン『歴史の概念について』より）[22]

　コーネルは，弱々しいメシア的力とともにある私たちのような次世代には，アンティキリストを超克することができるという感覚があるだろうとする．そして私たちのみがそれができるとする．ベンヤミンは正義の名のもとで私たちの行動を呼びかけるのをやめない．それは，「救済された人類にしてはじめて，その過去が完全なかたちで与えられる」．おそらく，アンティキリストとは，弁証法的イメージの前で私たちが沈黙しているということであろう．合衆国において，アンティキリストを超克しなければならない人々にとって，鐘の音は確かに鳴り響いており，アンティキリストとは，カントが完全に道徳的に自由な意思と呼んだものに近くなり，それは，私たちのみが，選ばれた私たちのみがハンマーを打ち付けることができるとする，帝国の間違った約束として，消

費者の終わりのない欲望のなかに表されている．しかし，ベンヤミンの想起す
る連帯そのものは，生者と死者のあいだをつないでいる．それは決して，まる
でそれ自体であるという意味をあてがうことによって，亡くなった人々の苦痛
を歪ませるという歴史家の意味においてではない[23]．

　かすかなメシアの力とともにしかない次の世代において，アンティキリスト
とは先進資本主義のなかで足かせを除かれた自由な意志（the Willkür）という
イマニュエル・カントが呼んだ語に近くなってくるというが，同時にベンヤミ
ンの「想起する連帯」（anamnestic solidarity）という死者と生者のあいだに渡さ
れた道筋において，弱々しいメシア的力を次世代として正義の世界への闘争に
誓うことが残されているという．

　コーネルはまた，ベンヤミンが用いる経験（Erfahrung）とジャック・デリダ
の不可能性の経験とのあいだを示すために，脱構築をあらゆる体系の限界を露
呈する仕方において独自であるとし，「限界の哲学」と言い換えて法への分節
化を試みている[24]．

　ベンヤミンの以下の引用から経験の時間的次元を考えることができる．

　　　「罪の連関が時間的であるとしても，それはまったく非本来的にそうな
　　　のであって，〔その時間性の〕ありよう〔種類〕と尺度からすれば，救済や音
　　　楽や真理の時間とはまったく異なっている．救済や音楽や真理といったも
　　　のを完全に解明しきるには，運命のもつ時間の特殊なありようを見定めね
　　　ばならない[25]」．

　ギルロイが黒人の音楽やサウンド，映像文化が醸し出す生のリズムと愛の物
語が，黒人のヴァナキュラー[26]において，奴隷制に由来する死の現前との独特な
関係と，「苦しみのなかで存在すること」という時間を根元的に記録すること
と言語を通時的に理解することをともに含みこむ場所としてきたことが，この
経験の時間的次元として見えてくる．もちろん，ギルロイが幾重にも論を積ん
でいく黒人とユダヤ人の双方の受難が，人類全体にとっての特別な贖罪の力を
持っているという考え方は，合理性と近代人種主義の関係や，人種的被従属者
たちの不自由な労働による進歩のイデオロギーの否認，言語を絶する崇高な恐
怖（テロ）と長らく慣れ親しんできたことの影響などを通じて，これらの残虐

な歴史と明らかに共謀してきた人間主義（ヒューマニズム）のイデオロギーについても何かを露呈する［Gilroy 1993: 196-217; 邦訳 381-422］.

　こうしたヒューマニズム（人間主義）の思想の裏腹にあるような人間事象のもろさについて，ハンナ・アーレントは活動と言論の介在を通じて述べる．触知できない人間の「正体（who）」ではなく，哲学は人間の定義を「なに（what）」の判断や解釈によって求めようとしたとする．その「正体（who）」が触知できる実体として知られ，理解されるのは，活動者＝言論者の生涯の物語においてであり，その物語がようやく終わってからである[27].

　触知しようとしても手から零れ落ちてしまうような人間の「正体（who）」は，そのもろさゆえにその生産物や労働，交換市場，それから支配といった秤にかけられ，ある程度の固さを持ったイデアによって人間事象が把握されていく．「行うことと被害を蒙るということは，同じ硬貨の表と裏のようなもの」［Arendt 1958: 190; 邦訳 307][28]というアーレントが活動に込める見方は，そのままCR や意識化の過程，もしくはフェミニスト・カウンセリングや自助グループの過程で生じる経験に通底するものである．

　個人がそのかけがえのなさを保持しながら，支配や抑圧という施政に入る事態を把握することは，痛みや感性でその事態を受け止める以前の原初的な曝されに対峙している．その感性や観念を鍛えていくこととは別様の，地盤を持たない，震えるような触角のまま人間性であり続けることはできないだろう．しかし，個人同士が共通地盤を作って政治化（もしくは主体化）することではない，その震えるような触角において惹かれあうことは，イデオロギーとはまた別様のともにあるあり方を示しているのではないだろうか．

　意識化によって人間になろうとする過程，また二級市民であった者たちが権利主張をしていく過程というものは，その一人の個人において過去の堆積した時間の流れとは無縁ではありえない．また感情の一体化はそれがそのまま共同体を作り出すわけではない．

　アーレントは親密さを最初に発見した人としてジャン・ジャック・ルソーを挙げ，近代の同情や憐れみ，情熱や苦悩といった感受性を発展される上で大きな役割を果たしたとし，連帯（solidarity）との対比を試みた[29].

　アーレントは，抑圧され，搾取されている人たちと同じ利害を持った協働社

会を慎重に，情熱抜きでつくるのは，連帯からだとするが，近代の感受性としての親密さは一方において自助グループのようなあり方を見るうえでまた必要とされるものなのではないだろうか．

　同様の経験があること，同様の立場であることは，親密さや感情の一体化を生み出しやすいだろうが，自己存在を不適合や自責に追い込むことなくそのまま認めることは，別様な回路を生む可能性がある．

　アーレントが活動と言論の網の目（ウェブ）と呼ぶなかでその人が出現する空間を必要とするとき，言語主体は何者かを曝し，傷を被りながらでしか立つことができない．それはどんなに聴衆の多い眼前であっても，親密なたった一人の聴き手の前であってもそうであろう．たとえ自己自身が痛みを感じ取っていなくても，語る物語に感情的一体化をしていなかったとしてもそうだろう．被傷性とはそういうものであろう．

　フェミニズムが励起した当初の意識覚醒（CR）という手法は，認知の歪みや今まで生きていた時間を自己自身を責めることなく社会的存在であると認め，意識化（政治化）する過程であるが，それ以上に自己と他者（自己と世界）の認識論として組みかえられる可能性を持っている．コーネルが，超越性と想像性との両立は可能かという問いに対するひとつの答えとして，概念化されないような美的観念をカントから引き出していることは，フェミニズムのこの意識化（政治化）を今までは含まれてこなかったヒューマニズムのなかに埋め込むことではない，存在の彼方へ導き出すひとつの手立てになりうるだろう．

　ベル・フックスが述べるような，傷が癒えることや贖罪的な愛が日常生活の政治の現実化から起こるという論とも，この存在の可能性は重ね合わせて議論するべきことである［Hooks 1993: Ch. 9］．人種的抑圧，植民地化の抑圧，性の抑圧のどれも切り離して考えることではない，今まで普遍には程遠い存在として据え置かれた抑圧の二重性から，ひとつの普遍の想像領域を見いだす可能性が生まれても不思議ではない．

　自己認識の歪みが何に対する歪みであるのか，という問いかけがあったとき，その歪みを正す基準を探すのではなく，これから航海する世界への引き手として意識化は行われてきただろうし，これからもそうであろう．

注

1）　2001年2月設立の NGO（国際協力組織），PO（民衆組織）．正式名称は SEPOM（Self Empowerment Program of Migrant Women：タイ―日移住女性ネットワーク）．特に80年代を通じて増えた日本へのタイからの人身売買・移住女性たちのタイに帰国後のケア，実態調査等を目的としていた．当初から集まってお互いのことを話す SHG（セルフ・ヘルプ・グループ）を活動の柱にしていたが，その後 ILO（国際労働機関）などから支援金を得て，北部タイのチェンライ県の各地に SHG を設立している．また SEPOM キッチンとして当事者たちが従事する日本食の店も経営していた．筆者は，2003年，2006年，2009年と SEPOM を訪れ，こうした SHG にオブザーバーとして参加させてもらっていた．こうした詳細は，高畑［2005］などを参照．

2）　フェミニスト・カウンセリングは，草の根の CR や自己主張トレーニングなどから発展し，各地の女性センターの需要や，ドメスティック・バイオレンスやセクシュアル・ハラスメントなどの制度化などから1990年代を通じて必要性が増大し，確立されてきた．

3）　サバイバーとは，生存者とも訳すことができ，戦争や事故，自然災害などの被害者，性暴力やドメスティック・バイオレンス，また従軍慰安婦の人々が生き延びてこられたことに対する敬意を示す言葉でもある．

4）　『資料日本ウーマン・リブ史　Ⅰ』pp. 78-79，「れ・ふぁむ」女性問題研究会，ふかい・ちかこ．

5）　『資料日本ウーマン・リブ史　Ⅰ』p. 79，「れ・ふぁむ」女性問題研究会，ふかい・ちかこ．

6）　『資料日本ウーマン・リブ史　Ⅰ』p. 69，「れ・ふぁむ」女性問題研究会，中山潔子．

7）　『資料日本ウーマン・リブ史　Ⅰ』p. 85，『無名通信』No. 8　1968年12月1日，河野信子．

8）　『資料日本ウーマン・リブ史　Ⅰ』p. 86，『無名通信』No. 8　1968年12月1日，河野信子．

9）　資料日本ウーマン・リブ史　Ⅰ』p. 164（北海道・メトロパリチェン，「斗！　おんな」8号，1971年7月，カール・マルクス『経済学・哲学草稿』からの引用），pp. 174-175（思想集団エス・イー・エックス，1970年，もり・せつこ）「（やはりマルクス『経済学・哲学草稿』からの引用の後に）私たちは自らの性をひきうける中から，すなわち女性の男性に対する関係の中から，私たちの疎外をみなければならないだろう―中略―私たち女にとって疎外はそれこそ日常のすべて，食事から寝床の中までペットリはりついていて現実的生活の疎外でないものはない．疎外さえも意識しえない疎外，それゆえに裏がえせば日常のこまごました髪毛の先のような部分の営みをも意識化してゆくことそれ自体が暴力性を持ちうるものとして転化しうる可能性を秘めていると言える」．

10）　『資料日本ウーマン・リブ史　Ⅰ』p. 85，『無名通信』No. 8, 1968年12月1日，河野信子．

11）　Butler［1990：202-203；邦訳 77-82；250-60］を参照．
"The task is not whether to repeat, but how to repeat or, indeed, to repeat and, through a radical proliferation of gender, to *displace* the very gender norms that

enable the repetition itself."

12) "Within those terms, "the body" appears as a passive medium on which cultural meanings are inscribed or as the instrument through which an appropriative and interpretive will determines a cultural meaning for itself. In either case, the body is figured as a mere instrument or medium for which a set of cultural meanings are only externally related. But "the body" is itself a construction, as are the myriad "bodies" that constitute the domain of gendered subjects." [Butler 1990: 12; 邦訳 31].

13) 1975年の国際婦人年から開催されてきた国際女性会議のなかで，特に1995年の北京国際女性会議では，第三世界の女性たちの現実が先進国中心のフェミニズムの考え方とは異なるゆえに批判の矢が放たれた．リプロダクティブ・ヘルス・ライツ（性と生殖に関する健康／権利）も，リベラリズム（自由主義）の伝統から議論する先進国の立場とは異なる．

14) キャサリーン・A. ラフリンは，成人教育の場における，女性の学習認識を検討している．そこでは，解放教育や女性運動の成果を取り入れながら，変化する行為主体としての学習者を念頭に置いている．パウロ・フレイレの抑圧への覚醒については議論の基礎に置いている [Loughlin 1993].

15) "Any situation in which "A" objectively exploits "B" or hinders his and her pursuit of self-affirmation as a responsible person is one of oppression," [Freire 1970a: 55; 邦訳 36].

16) 銀行型教育概念とは，預金行為としての教育と述べることができる．生徒は容器のように満たされるべき入れ物のように扱われる．収集や目録であって，創造力，変革の可能性，知識を喪失し，すりへらされてしまう．抑圧社会を全面的に反映する．人間を順応的で管理しやすい存在として見る傾向を持つ．抑圧者は自分に有利な状況を維持するために人道主義を利用する [Freire 1970a: Ch. 2].

17) "Although the dialectical relations of women and men with the world exist independently of how these relations are perceived (or whether or not they are perceived at all), it is also true that the form of action they adopt is to a large extent a function of how they perceive themselves in the world," [Freire 1970a: 83; 邦訳 87].

18) "To "ad-mire" is to objectify the "not-I". It is a dialectical operation that characterizes man as man, differentiating him from the animal. It is directly associated with that man stands over against his "not-I" in order to understand it. For this reason, there is no act of knowing without "ad-miration" of the object to be known," [Freire 1970b: 24; 邦訳 29-30].

19) 対話的行動理論において対話とは，世界を命名するための，世界によって媒介される人間と人間との出会いである．対話にはさらに人間に対する力強い信頼が必要である．それはつくり，つくりかえ，創造し創造しなおす人間の能力にたいする信頼である．創造力と変革力は，たとえそれらが具体的状況のなかで挫かれようとも，かならず再生す

るという確信を持つ．その再生は，無償にではなく，奴隷労働が解放闘争のなかで，ま
たそれをとおして生活に潤いを与える解放された労働にとって変わられるときに行われ
る．この人間への信頼がなければ，対話が温情主義的操作へと退化する茶番劇になるの
は避けられない．最後に，対話は批判的思考を含まない限り存在しない．その思考は，
世界と人間との不可分の結びつきを認め，その二分化を許さない思考である．現実を動
かないものとしてではなく，過程や変容として捉える思考である．行動と切り離されず，
危険を恐れることなく，たえず時間性のなかに没頭する思考である（『被抑圧者の教育
学』より）．

20) "The antidialogical, dominating *I* transforms the dominated, conquered *thou* into a mere *it.* The dialogical *I,* however, knows that it is precisely the *thou* ("not-I") which has called forth his or her own existence. He also knows that the *thou* which calls forth his own existence in turn constitutes an *I* which has in his *I* its *thou.* The *I* and the *thou* thus become, in the dialectic of these relationships, two *thous* which become two *I's,*" [Freire 1970a: 167; 邦訳 228].

21) ドゥルシラ・コーネルは社会主義の未来を根底に置いており，ポール・ギルロイは，奴隷制に始まる黒人の受難に対する贖罪はあるのかという問いを置きながら，ベンヤミンの「歴史哲学テーゼ」をそれぞれに引用している．

22) "The Messiah comes not only as the redeemer, he comes as the subdue of Antichrist. Only that historian will have the gift of fanning the spark of hope in the past who is firmly convinced that even the dead will not be safe from the enemy if he wins. And this enemy has not ceased to be victorious," [Benjamin 1968: 255; 邦訳 649-650; Gilroy 1993: 187; Cornell 2008: 141].

23) "There is a sense in which we, the next generation with the weak messianic power, can subdue the antichrist. And it is only we who can do it. Benjamin never ceased calling us to action in the name of justice. As he tells us, "The past carries with it a temporal index by which it referred to redemption." Perhaps the actichrist is our stillness before the dialectical image. For those of us in the United States, that we must subdue the antichrist should ring true indeed, For this antichrist comes very close to what Kant would have called the absolutely morally unfettered will, *the willkur,* which can be expressed to us in the endless longing of the consumer for the false promises of empire that suggest we, and only we, are the ones, the chosen ones, who can drive Hummers. But Benjamin's anamnestic solidarity itself keeps open the passageway between the living and the dead, but not in the historicist sense that we in any way belie the suffering of those who died by giving it a meaning as it were itself," [Cornell 2008: 141].

24) "Derrida and Benjamin are using the word experience in a similar, if not identical, manner. But what both dcfinitions of experience share is that any attempt to fully describe experience fails because it always points beyond itself to its own

limit and how that limit opens up the space of the beyond. In my book The
Philosophy of the Limit, I renamed deconstruction the philosophy of the limit to
bring out this integral connection between Benjamin's early writing on experience
and Derrida's experience of the impossible," [Cornell 2008: 144].

25)　"The guilt context is temporal in a totally inauthentic way, very different in its
kind and measure from the time of redemption, or of music, or of truth. The
complete elucidation of these matters depends on determining the particular na-
ture of time in fate," [Benjamin 2004: 204: 邦訳 214].

26)　ヴァナキュラーとは，ディアスポラの諸文化とも言い換えられ，文化的で人種的な純
粋性への欲望を必ず挫折させるような，その源泉がどのようなものであろうと，異種混
淆化と相互混合の物語や音楽とも言うことができる.

27)　"This unchangeable identity of the person, though disclosing itself intangibly in
act and speech, becomes tangible only in the story of the actor's and speaker's
life; but as such it can be known, that is , grasped as a palpable entity only af-
ter it has come to its end," [Arendt 1958: 193; 邦訳 304-13].

28)　"To do and suffer are like opposite sides of the same coin," [Arendt 1958:
190; 邦訳 307].

29)　"Yet while the plight of others aroused his heart, he became involved in his
heart rather than in the sufferings of others, and he was enchanted with its
moods and caprices as they disclosed themselves in the sweet delight of intimacy
which Rousseau was one of the first to discover and which from then on began
playing its important role in the formation of modern sensibility," [Arendt 1963:
78; 邦訳 132].

第2章　演劇セラピーとエンパワーメント
——タイ—日移住女性たちの経験から——

はじめに

　ある社会内の役割期待，役割関係が，当該社会の〈文化〉や〈基準〉に規定されているのであれば，そのなかにおいて役割自体が正負の両義性の意味作用を持つこともあるだろう．そして，帰属や社会的アイデンティティを問うことは，その社会内で要請される役割を問うことでもあり，むしろその役割による動機付けや主体性の解釈が必要となってくるだろう．

　タイの主に北部農村地域から出稼ぎに出て日本で性産業に従事するに至った女性たちは自分たちの期待や欲望，周囲からの期待をも背負って（特に家族を養う，家を建てるなど）移住労働をしながら，日本においては性産業労働者としてスティグマ化されつつ過酷な性労働をおこなっている．

　本章は，日本で特に犯罪に巻き込まれたり，強制送還に遭ってタイに帰国した女性たちのフォローアップやケアのために2001年に設立されたNGO（もしくはPO-People's Organization）であるSEPOM（セポム：Self-Empowerment Program Of Migrant Women —タイ—日移住女性ネットワーク）の活動のなかで，ボディ・ワークとも言える演劇のワークショップに着目しながら，エンパワーメント（力づけ）の意味を探ることを目的とする．

　ここでSEPOMの活動についての明確な先行研究として青山薫の『「セックスワーカー」とは誰か』を挙げたい．青山は，筆者と同時期にSEPOMにおいてフィールドワークをおこなっており，精緻なインタビュー分析に基づき，移住女性たちをとりまく全体像を提示している．しかし私はこの論考において，性労働という個人の内面と社会的立場の微妙な働きが，一見して「労働者として主体性を持つ当事者主権」に収斂する向きもある青山の議論の展開方法への違和感を表明していきたいと考えている．SEPOMにおける活動において，当

事者主権という概念は理念という面においては重要であるが，SEPOM にかか
わる個々人一人ひとりが「主体性を持つ」ことは，彼女らの日常の生活環境に
おいては難しい場合が多く，別の見方を提示する必要があると考える．そこで
本章では，青山と異なる別の見方として，コンセプトや内容についてできる限
り SEPOM の支援活動に沿いながら，エンパワーメントの社会的位置づけに
焦点をあてたい．

　まず，本章におけるエンパワーメントの定義を示しておきたい．エンパワー
メントは，国際開発の分野で経済的・法的・社会的政策の議論において用いら
れる場合もあれば，日本国内での社会政策におけるマイノリティや女性の分野
でキータームとして用いられていることもある．しかし本章では，SEPOM 設
立において念頭にあった森田ゆりのエンパワーメントの定義である，「すべて
の人が本来持つちからを充分に発揮することのできる社会を創造することであ
ると同時に，外からの抑圧によって傷つけられてしまった自分のちからと尊厳
への信頼の回復のこと」［森田 2002 : 13-24］というコンセプトを解釈の基盤に
していこうとしている．

　ここで，移動労働の主たる原因が「貧困」であるという考察とエンパワーメ
ントの関係について検討したい．それは貧困の指標を何処に位置づけるのか，
という問いや論争と関係づけながら，エンパワーメントを理解することでもあ
る．そこで本章では，「ある人の剝奪の意識は，その人の期待と他に，何が公
正であり誰が何を享受する権利があるかに関する見方にも直接関係している」
［セン 2000 : 23］というアマルティア・センの相対的剝奪の考え方に拠り，貧困
の指標化は行わず，むしろこのような剝奪の意識に沿った人の志向性や社会構
想的側面に光をあてることにしたい.[3]

　これまでのさまざまな学問分野におけるエンパワーメントという用語の用い
られ方を鑑みると，自助や自己決定というかたちで抑圧や剝奪されている状況
を打破する主体が前提とされている.[4] ここにはその主体をもとに，抑圧や剝奪
を意識化する過程が含まれている．

　一方で，SEPOM のエンパワーメントの活動では，パワー（権力）との関係
はどのようなものか，という主体化に伴う問いが含まれており，その主体自体
が権力構造のなかに巻き込まれながら形成されるという認識がある．主体化は，

必ずしも権利主張という側面のみによって形成されるのではなく，利権や所有の構造を通じても生じる．また主体化に伴うさまざまな弊害も，自己決定として引き受けなければならない状況に追い込まれることが往々にして起こる．権利主張のような単線的な物語の自己の主体化だけではなく，同時に権利主張としては相容れない物語とに分裂していく．

　主体化が前提とされる社会学における議論としては，帰属や社会的アイデンティティとして人は相互行為の場において呈示する自己が自他によって受け容れられるように印象を操作する，というアーヴィング・ゴフマンの議論がある．この議論では，「スティグマ化」した状況に対して印象操作をおこなう自由意志を備えた主体が想定されていると考えられる．

　本章では，主体を想定するのではなく，主体を構成する権力作用のあり様を明るみに出し，同時並行的に権力作用の結果として生み出された膿みなどを解きほぐすために，「身体で表現する」ということに着目した自己回復の過程に着目したい．先行研究との明示的な違いは，特に身体表現（演劇のワークショップ）に着目し，エンパワーメントをひとつの自己構成のかたちとして捉えていく方向を社会学的に検討することにある．

　「身体で表現する」ということは，他の人のまねびをおこなう，言語化することが苦痛を伴う場合のあるひとつの代替表現方法となる，といった意味を持っている．だがそれ以上に，虚実交えた知識のあり方を問い直す意味をも含んでいる．その場にある権力作用に無縁な人間は存在しないだろうが，そこに敵対化する二項対立の図式にあてはめる言語主張のかたちではない想像領域を作り出すことが，この「身体表現」には込められている．

　表現する手前にあるものが，権利や尊厳という名称で呼ばれなくとも，守られる可能性を示唆できれば，本章の意味はあると考えている．そのために，ボディ・ワークという働きかけることが持つ両義性を解きほぐす自己回復過程に着目する必要がある．

　なお本章では，SEPOM におけるワークショップにおけるエンパワーメントの意味を探るために以下のように議論を進める．まず第2節は SEPOM（セポム）の活動を通じて見えてくる，移住する女性たちの事情と現状と，その根に潜む女性ゆえの葛藤に着目する．続いて第3節は，SEPOM の2003年の活動の

なかにある演劇のワークショップから浮かびあがるエンパワーメントの像を捉える．第4節では，演じるワークショップのなかでの身体行為について論じる．最後に第五節はその演じることを「カタルシス」と「異化」という演劇用語によって理解し，議論する．最終節は，自己回復と身体行為とのまとめの議論で終えることにする．

1 - 日本へ働きにいかなければならなかった

　移住女性たちをとりまく環境として，まずタイにおける近代化による農村の疲弊のなか，貨幣経済に伴う物質主義が浸透し，貧困と見られる状況の進展が指摘できる．またそのことによって人びとの価値観が変化してきている．その表れとして電化製品や家，車その他といった物質的な欲求の高まり，都市や外の社会への憧れなども指摘できよう．

　また1960年代から始まったタイの開発政策の影響による経済開発計画優先のなか，観光奨励政策と一体化した性産業の発達がある．それが性労働への吸引力となっていったのである．また海外からの観光客の影響でタイの文化環境は変化し続けており，経済と情報のグローバル化は海外労働者を増加させる原因になっている．

　教育機会に関して1980年代後半から90年代前半に日本へ働きにおこなった女性たちのほとんどは，小学校を中途で退学している状況である．また女性自身が家族を支えるために仕事をするという傾向を抱えている場合も多い．[5]

　こういった日本に働きに行く女性たちの状況の背後には，人身売買組織の存在がある．彼女たちは自由を奪われて性労働を強制され，逃げることが困難な状況に直面している．また異文化での生活，言葉の壁，コミュニケーションの難しさに加え，職場において女性たちが単に性的な対象として見られるという侮蔑的な扱いを受けることで，日常生活の精神状況にも影響を及ぼしている．さらに，暴力や転売，借金など搾取も日常的に見られる．

　しかし，構造的に人身売買がなされているにもかかわらず，日本の法律は被害者のみの処罰になっている．近年になって（1999年国連の「国際組織犯罪禁止条約を補完する議定書」の影響などにより），女性や子どもの人身売買の防止，禁止，

処罰が進んでいるが，一方で出入国管理法のもとでは，有効な渡航書類を持た
ない人は「不法」とみなされ，逮捕，拘留ののちに強制退去となっている．そ
の状況において，多くは法的援助や医療ケアなどといった基本的人権を否定さ
れている．実際に刑事事件に関与したタイ人女性の場合，法律に関する知識や
情報が不足しており，相談する場もなく，精神的にも安心かどうか確かではな
い場所で相談する勇気を持てなかった，ということも起っている．

　さらに日本では，アジア地域の女性たちに対し，近代化に伴う貨幣経済の浸
透に伴う貧困といった状況を問わずに，彼女たちを地域で見かける際は異質な
存在としてのみ認識されていると述べることもできよう．

　こうしたなかで女性たちが出会う多くの日本人男性のなかには，女性の妊娠，
出産，子どもの認知，養育などに関して無責任な人がいる状況がある．

　またタイに帰国後，日本での体験により心の問題を抱えた女性が多く，アル
コール依存症や薬物依存にかかったり，大金をギャンブルや浪費で使い果たし
たりしてしまうこともある．仕事に就くことに関しても，学歴や技術不足で仕
事がなく，農業や日雇いの仕事にもなかなか就くことが難しい状況がある．
SEPOM（セポム）[6] の女性たちが口々に言うことには，出身地域の人びとや親戚
に，お金のあるあいだは歓迎されるが，お金がなくなったら手のひらを返した
ように価値がないとみなされるという状況がある．また日本人男性との連絡が
途絶え，養育費や生活費などの仕送りがなく，再び女性たちが出稼ぎを選ぶ場
合もある．

　母親の移住の影響を受け，父親が日本人である TJC（ティージャパニーズ・チ
ルドレン）の存在もあり，現在では彼ら／彼女らを支援するための NGO が設
立されており，40名ほどが奨学金を受けている．

　また，SEPOM（セポム）においても HIV／AIDS 感染者がおり，抗ウイルス
剤を服用するため，また生活維持のため，職業資金融資の支援が必要とされて
いる[7]．こうした活動の根のところに，女性であるゆえのジェンダー規範が抜き
差しなら無い形で影響を及ぼしている．この点について次節から展開していき
たい．

2 - わたしたちは女性だから

　日本からの参加者も含めた2回目の比較的大きなワークショップが2003年3月にSEPOM主催で開かれた[8]．第一回目（2001年11月開催）は支援者たちのネットワーク作りが主眼点であったが，その後の活動の展開から第二回目は「ジェンダー関係を考える」ことを大きな柱にしていた．

　SEPOMにおいては，ネットワーク作りやスタッフの意識を育てるために，地域のセミナーや会議への参加を促進していた．その中のひとつにチェンライで毎月ジェンダー学習会を開催しているグループがあり，SEPOMの女性たちも参加していた．彼女たちが，「身近なことについての知識が増えた」，「男女の役割や男性中心主義の構造が見えてきた」，「問題に関心を持つ人同志の交流ができた」，「正しいことをする勇気を持つべきだ」といった感想を持つようになっていたことが，第二回目の開催テーマに影響を及ぼしたのである．

　これまで活動を中心になって支えてきた日本人コーディネーターも「女性たちが移住を決意する原因の中で『女性の役割』という部分は大きかった」[9]指摘しているが，活動を進めていくなかで，夫や家族の理解がないために活動に参加できない女性がかなり現われ，またジェンダーについての理解がないためにずいぶん悩んで辛い思いをしている女性も多かったという．それゆえに，以下の柱を立て，今回のワークショップが企画されることになったのである．

(1) 女性の権利を理解し，仕事や家庭内での男女の役割を再考する．
(2) 理解し合えるためのコミュニケーションの方法をともに考え，新しい家族を築く．
(3) 家庭内暴力が女性や子どもへの大きな権利侵害であることを認識し，暴力によらない問題解決の方法をともに考える．
(4) ワークショップに参加するプロセスで女性のエンパワーメントを促進する．
(5) 女性運動を担う人々の情報交換の場とする．

　このような柱のなかでも，特に柱の(4)が最も理念的にもまた実践的にも重要

であった．ワークショップを遂行する手法としては，学歴の差や社会的な関係性の差がある人びと（たとえばNGOスタッフと当事者女性たちなど）のなかで自分を出すことができるコミュニケーションを可能にするために，〈身体表現〉が掲げられたのである．

ワークショップ全体の内容は以下のとおりである．

 (A) 国家人権委員で弁護士，女性の活動に取り組む村のリーダー，子ども関連の NGO の日本人スタッフ，SEPOM の女性という構成のパネルディスカッション

 (B) 分科会での家族の役割の意見交換とその劇

 (C) 家庭内暴力や DV 法について日本からの参加者の報告

 (D) タイ料理と日本料理での交流会

 (E) パントマイム・パフォーマーのパフォーマンスと演劇ワークショップ

 (F) SEPOM 女性グループによる劇

特に，(B), (E), (F)によってオーディエンス（聞き手）が参加するというワークショップ独自の意味[10)]が強調されていたと言えよう．

パントマイム・パフォーマーのパフォーマンスを経て，パフォーマーがファシリテーターとなり参加者みんなでおこなう演劇ワークショップが行われた．(E)声を出したり体を動かしたりしながら会場を一回りすることなどの表情や体の表現を含む身体行為は，隣の人や目が合う人と笑顔を交わすことにつながっていった．

クライマックスは，8 名の SEPOM の女性たち（当事者とスタッフ）の「わたしたちは女性だから」の劇の上演である．(F)社会運動や社会福祉的活動をおこなう演劇集団の牽引のもと，この劇のために 4 日間の泊りがけの合宿が行われた．そのなかでは，小さい頃の自分と今の自分を絵に描いてその二つを説明することから，自分たちを，また集まった人たちを知ることから劇を作り出すことが行われたという．小さい頃の話では泣きながら話す人，自分の物語をずっと語りだす人，小さい頃の自分を茶色で暗く塗り固めた絵を見せる人がおり，そこから 7 つの短いストーリーがつくり上げられていった．それぞれが誰かの体験をもとにしたシーンの連続であったのである．

　たとえば，出産，家事労働，仕事での評価，バスのなかのわいせつ行為，脅されて強姦されたこと，日本での差別などの場面はこのようにしてつくられた．営業の仕事での場面では，業績表が作られており，そこから今月の仕事の出来高によって表彰される場面が繰り広げられた．あえて明示的な性産業における体験はシーンにはなっていなかった．セリフはほとんどなく，パフォーマンスと声による演技であった．

　レイプされる側の役は当事者女性ではなく NGO スタッフがするなどの配慮をしながら，初参加の人も演技を遂行した．SEPOM のスタッフからは，今までは静かな印象だった人がリーダーシップを発揮したり，酒びたりの日々を送っていた人がシリアスな雰囲気を和ませるジョーク好きだったという声が聞かれた．このように 4 日間で人のあいだの距離が近づき，連帯意識をもったチームが作られたという参加者の感想もあった．

　本番では，自前のバティック柄の黒い T シャツと水色のズボンで揃えた 8 人が，約60名の観客の前で堂々と演じ，喝采を浴びた．

　参加者の感想のなかには，「演劇を通じて言葉の壁を越えた交流や問題の共有ができた」，「演劇ワークショップは自己表現だけではなく，相手の立場になって物事を考える，いいきっかけになった」という肯定的なものと同時に，「演劇という方法だと問題の分かりやすい部分は表現しやすいが，女性自身の内面に刷り込まれた価値観をどう克服するか，など一筋縄ではいかない部分を表わし，考えを深めることが難しい」，「多くの人を惹きつけるきっかけとしては良い手法と思えるが，全体に内容の深みに欠け，表面的な現象のみ，感情的な発散のみに終わっているのが残念と思う」といった批判的な感想もあった[11]．

　SEPOM での女性たち自身の反省会[12]では，具体的な演技や視覚を通じた理解を肯定的に捉えることが多かった．「演技者の自分はいつもよりもっとたくさんのことを感じることができた」，「自分の気持ちや意見を臆せず話したり，表現することができるようになり，心に溜まったものを吐き出すことができた」，「演劇活動は自分にプレッシャーがかからず，心に溜まったものを吐き出すことができる．気持ちが楽で，体の悪い部分も良くなったような気がする」，といった感想はそのことをあらわしているといえよう．

　(E)と(F)のワークショップを通じて，言語の通じない人同士であっても，また

敬語で話すことが普通だと思われる人同士であっても，ある社会的役割を脱出して身体のみで行為し合う場が創出されていたのである．

3 - 自分たちの「ホーム（居場所）」

　本章では，演じることに関してワークショップの参加者（当事者よりも支援者という位置づけ）と演技者（SEPOM 当事者）たちとのあいだに感想の違いが生じたことをふまえて，権利主張の観点から SEPOM の女性たちの抱える状況を捉える見方の正当性を問いかけたい．つまり，ある負の指標を見いだし，改良すべき「問題」として被った状況を名づけること自体が，当事者や当事者に近い支援者への負の影響を与える可能性があることを明らかにしたい．

　これは演じることがプライマル・セラピー（原初的な癒し）となることへの客観視や対象化の問題とも言えるだろう．演じることに伴い，演技以前の身体の準備には，自分の体を知り，自分の体癖を知り，体を柔らかくし，身に付いたものを落とし，余分な緊張を取ろうとすることが含まれる．

　当事者女性のワークショップ参加の感想に，「パントマイム・パフォーマーのパントマイムに感激した．自分たちの演劇研修のとき，最初なぜそうするのか分からないことがあったが，後になって演技の基礎づくりであることが分かった」というものがあったが，自分たち自身を知ったり，顔の動きや身体の動きをつくり上げていくことが一連のワークショップにおいて行われ，事後的に演者としての自分に気づいたのであろう．これは，そこに埋め込まれた記憶や生を演技に反映させることが，ワークショップの行われる過程を通じて参加者に気づかれたのだと想像することができる．

　芝居はフィクションではあっても，演じる者自身の強力なリアリティが息づいているのであり，日常を越えるうねりがおそってくるという．

　ワークショップの手法のなかでは，「生活を劇にすること」として，家族の問題など普通には恥ずかしくて言えないようなことも，そのなかにおいては言えるという参加者の発言もあった．また絵で表現したり，身体を使って表現することで，言語化すると苦痛が増すようなことが別様の表現形態に委ねられる，また抽象化することで，リアリティがフィクションのなかで一瞬現れるように

なったとも言える．

　演じることには，下手な演技者では言葉が宙に浮くようなときもあり，演技者は状況を生きざるを得なくなる．つまり〈今，ここ── now and here〉においてヴァーヴァリゼーション（verbalization：言語にすること）が持つリアリティが差し迫ってくる．台本や脚本があり，それを覚えて自己の役割に徹底することでその後の演技を作りこんでいくという手法が一方であるのなら，「ワークショップ」という手法を通じた劇作りでは，彼女たちの日常生活から共通のものを導き出し，演技をするにしても自己自身の想像性のなかで瞬間的に演じるという手法がとられていたと考えられる．〈ヴァーヴァリゼーション〉とはまさにこの行為遂行の過程における言語行為であり，日常のリアリティが見るものに迫ってくる勢いがある．

　上演された劇のなかで多くの人々が呆然として見続けたレイプのシーンは，SEPOM 当事者の女性ではなく，被害者も加害者も SEPOM スタッフ（支援者）が演じたものであり，セリフもなく場面のみに限定されていたが，身体という言語によって浸透する痛みの在り処が問われるシーンであった．当事者にとって思い出すのもはばかられるイメージは，自分自身が演じるのでは心身が壊れてしまうこともありうるだろうが，ある程度の安心感のある空間でスタッフによって演じられることで一歩引いた地点で眺められるとも言える．

　これが，SEPOM 演劇の観者の見た「感情の発散」という言葉で表現された，カタルシスとも言えるものだろう．石井達朗は，アリストテレス以来カタルシスとは，悲劇の作用として恐怖と憐憫を喚起してそのような感情を浄化するものであるとする．それはその場だけの浄化作用ではなく，クリエイティブな方向に向って自分自身を発見する，リアルな感情を自分のものであるとともに他人のなかに浸透させる創造性を分かち合うものとして見ることができるという［石井 1993：242-55］．

　SEPOM においてスタッフも当事者の女性たちも揃って演劇合宿をし，筆者も含めた観者たちもときに参加したこの一連の演劇ワークショップは，まさに〈ボディ・ワーク〉[13]とも言い換えられるものであった．自分への働きかけや周囲の経験を同じくする者との分かち合いのなかにおいて，否定的に捉えざるを得なかった過去の仕事や体験，痛みを解きほぐしていくことが行われたのである．

それは「自分がこうなりたい」という欲望から自由に，知識・経験・記憶を過去のものとし，こうした蓄積されたものから手を放すことで生命力や感受性に変えて行く過程とも言えるものだったと考えられる．

　こうした身体行為を表現する〈ボディ・ワーク〉とは，人の「社会的役割」とも自己の「独自性」[14]ともそのどちらとも異なる角度を提供するしぐさ／動き（身体行為）と言えるものである．「演劇活動は自分にプレッシャーがかからず，心に溜まっていたものをはきだすことができる」という SEPOM の反省会におけるグループ女性の感想にあるように，或る程度抽象化され，共通の現場（シーン）に自己創出の自由度を持ちながら身体によって具象化される行為は，感情や情動をきわめて具体的な物語という言語に翻訳するのではなく，追体験するのでもなく，新たな演技を瞬間的に作り上げる動作であると言える．それがどの程度になったら癒されるのか，という問いを投げかけるよりも，「女だから」被る性的な存在としての自分が肯定と否定とに引裂かれるような両義性のなかで，自己の悲劇性を見つめることで拓かれるものに着目する方法がこの〈ボディ・ワーク〉に近いと言うことができるだろう．

　ワークショップの始まりは，グループの女性たちの自己の物語の再現であった．それは，まとまりのあるひとつひとつの物語と言えないこともあり，絵で描くような，説明が必要な抽象表現であったりした．普段話せないことを話せる場というものは，あるセラピー的効果が期待される場でもあるだろうが，繰り返される日常のなかで社会的役割の両義性から傷を負うことは日々多く起こりうる．特に主観的な拠所（ホーム―居場所）に賭ける自己自身の思いを表現できない状況に置かれることは往々にして起こりうる．ワークショップを通じて，共通性を生み出した演技への自己自身の投影は，言葉になる以前の声を含む，身体の拠り所として揺れている．共鳴や共感を通して，自己自身が以前の自己自身とは異なっていくような表現の場としてこのワークショップはあったのだろう．つまり実態的な家族など，ホームを体現する場においては非常にヴァルネラブル（被傷性）であった SEPOM の人々は，自己を表すことができる空間が必要とされており，そのような場所としてワークショップが出現したと見ることができよう．

　日常生活において蓄積されていった言葉等は再度文化において再生産されて

いくが，その言語が対象化されたとたんにある主体が立ち上ってくる．だが，その瞬間に表現は主体によって操作可能なものとして定式化される．こうした理解は〈ボディ・ワーク〉において為されている動きや働きを無化する危険がある．カタルシスとは，ただ感情の発散なのではなく，自己自身をひとつの型に定式化して表現できたことでもなく，そこにある〈ボディ・ワーク〉の動きに身を委ねることである．

　では，観者の感想の一部にあった「女性自身の内面に刷り込まれた価値観をどう克服するか」という問いには，やはり自己自身を対象化する試みや反省が必要とされるのだろうか．カタルシスとしてこの演劇ワークショップを捉えることだけではないジェンダー規範に焦点をあてる必要性がそこにあると言えるだろう．

4 - 経験は詩になりうる

　ベルトルト・ブレヒトの演劇技法である「異化効果」とは，あることがらを日常馴れ親しんだ連関からずらすことによって日常感覚とは疎遠なもの，見慣れぬものにすることである．この観点からすると，日常での感覚をそのまま表現するようなアリストテレス式のカタルシスは行動性を消費させ，批判的判断力を失わせるとする．これに反し，「異化」とは観客こそが，それまで自明であった日常性への反省的視点を獲得する．

　しかし前節におけるカタルシスの位置づけは，〈ボディ・ワーク〉による感情の浄化作用という意味合いが強いものであったが，それは日常のなかで蓄積された「社会的役割」と「自己自身」とのずれや衝突・摩擦などから来る痛みを解放する方向でもあったと考えられる．

　こういったプライマル・セラピーとしての SEPOM の一連の演劇ワークショップは，同時に演者，観者をボディ・ワークに引き込み，誰もが被る可能性がある共通項の多い女性の経験から日常性を批判し，対象化する．しかし同時に，このワークショップは，ブレヒトのように「詩人的なヴィジョン」によって「異化」を目指すことも試みられていると考えられる．日常のコミュニケーション言語が知覚を既存の言語表現に結びつける慣習化（自動化）をおこ

なうのに対して，「異化」とは芸術言語として日常性を打ち破るものであるとされる．ブレヒトの「異化効果」を演劇のワークショップの位置づけに関連づけると，多くはジェンダー規範を内面化しているゆえの両義性のもとにある「自己自身」を対象化し，創造性のもとに新たな自己を構成していく過程として考えられよう．

　ワークショップ参加者の感想に「自己表現だけではなく，相手の立場になって物事を考える，いいきっかけになった」というものがあった．そこから敷衍すると，観者は，劇に感情移入してカタルシスという感情の浄化作用を体験しつつ，日常性に自己自身も絡めとられているジェンダー規範に気づき，その共通性からその場にいる相手の立場への想像力を働かせることがおこなわれていたと考えられる．

　「異化」は，ワークショップにおいてたとえば家族のあり方や働いた経験を語る時の言語表現の違いとして表われる．「異化」とは，慣習的な言語のあり方のなかで悲劇的な言語効果から別のあり様へと変化させていく表現方法なのである．

　誇張され，訴えかける言語は，語りかけ，説明される力を加えられていくが，反対に〈詩〉の持つ受動性は行為の言語として，外側から命名されるのではなく，内側の身体から成り立つ言語となる．これはつまり，前者は既存の日常言語のなかで一体性を持たせる感情の一致を目指すが，後者は身体行為のなかで遂行されることで生まれる言語とも言える．それが〈詩〉の持つ受動性として表わされているのである．

　この劇のワークショップは，身体や声と自我の一致の回路でのみ SEPOM にかかわる女性たち個々人を説明するのではなく，脱臼したり分離したりしたものを同時にひとつに織り上げる，私たち自身の意識をも超えた「息」のようなエネルギーにより成り立つ．それゆえに物質的な貧困に基づいた表象でもなく，また性労働の被害者という表象に還元されるのでもなく，語ったことや身体からの演技が〈詩〉そのものとして生を保持することにつながっていったのだろう．

おわりに ——エンパワーメントの意味——

　この一連の演劇ワークショップが喚起したことは，当事者と支援者といった敷居，タイと日本といったナショナリティの垣根を越えた共通性の地盤を提供したことである．言語の違いを越えて身体しか持たないものとして存在するという自覚が，このワークショップをつうじて，当事者と支援者のあいだに瞬間的に出現したのである．

　すなわち，ワークショップによってその場に居る人々が何らかの形でSEPOM の女性たちが受けた被傷性にコミットメント（責任関与）する可能性が開かれ，誰もが自己自身抑圧を受けうる存在であることの気づきが生まれたのである．それは，日常における抑圧を浄化／解消するための非日常としての劇という位置づけではなく，つねに在る痛みを受け止めてくれる場所を作るということでもある．

　「わたしたちは女だから」という劇の作り上げる過程と上演には，何度も過去に自己が体験した家族のあり方や，働いたときに受けた傷が到来していたであろう．個々の具体化された過去の現実から，抽象化した共通部分を取り出し，「わたし」と「みんな」の短いシーン（現場）につなげていくこと．そのことをつうじて，観る者も含めた自己自身の内面にジェンダー規範が食い込んでいることに気づき，それと同時に痛みを負った感情の浄化—解放—が，両立しつつ可能になったのである．演劇効果の〈異化〉によって，自己の周囲に表現されているものが規範として存在していることに気づき，それをずらし組み替えて，自己を生き続けさせる創造性へと転化させつつ，〈カタルシス〉によって否定性に内化したものに対する感情の浄化がなされたのである．

　エンパワーメントに対しては，抑圧や剝奪の状況を打破する手立てとして自己の自律性が重要視されることもあるが，本来備わった生命力や感受性を引き出すことに重きをおいた自己決定が今後，焦点化されるべきだろう[16]．こうした演劇セラピーが可能にする自己の潜在性への気づきが，移住女性と支援者たちから広まり，ローカルな場からの社会構想へとつながっていくことを希望したい．

注

1 ）　ここでの正負の両義性とは，主にはジェンダー役割に即した意味作用を明示している．本章で演劇セラピーとエンパワーメントという比較的先行研究の蓄積が少ない分野に着目するという意味も，政策論や心理分析と分野別に分かれての分析に比べ，プラスにもマイナスにも作用する役割行為を解きほぐすという議論になりうるためであり，このような正負の両義性という概念が不可欠になる．

2 ）　ポンパイチット［1990］，テユルン［1993］などを参照のこと．

3 ）　センの「相対的剥奪」の概念に本章において言及する理由は，その概念が当該社会の政治状況によってかなり変化しうる，ということを加味しているからである．ある人が血縁や地縁などに頼らずに個人として生きていける社会があれば，また異なるであろうが，飢餓状態のような絶対的貧困でなくとも，血縁や地縁などのなかでのジェンダー役割を受け入れることでしか生き延びるすべが無い場合，半ば主観性に依拠するような「剥奪」の概念は重要な意味を持つ．

4 ）　エンパワーメントという概念の使用方法であるが，ほぼ1990年代以降(A)社会福祉の実践領域，(B)教育における社会教育実践，(C)開発・国際協力分野，(D)女性・子どもの支援，(E)障害者支援といった分野にまたがってそれぞれに社会変化に伴うキー概念となっている．

　　(A)社会福祉の実践領域では，社会福祉事業におけるサービス利用者の自助努力という意味で使用されている．日本における行政指導型社会福祉から自立支援型社会福祉への転換が大きな基調と言えよう［小田・杉本・久田編 1999：2-78］．

　　(B)教育における社会教育実践では，地域住民の主体形成の過程に類似したコンセプトとしてエンパワーメントを捉え，主体的な学習過程，自己教育といった意識的な教育実践としている［鈴木 1999：8-24］．

　　(C)開発・国際協力分野では，特にオルターナティブな開発という経済成長重視の路線とは異なる NGO（非政府組織）などによる提示による，貧しく，権利や力を剥奪されてきた人々のいのちと暮らしが向上するようなプロセスの構想にエンパワーメントという概念を用いる．特に意思決定における自律性の獲得という政治過程を意味する［フリードマン 1995：50-70］．

　　(D)女性・子どもの支援の領域では，人権や女性・子どもの権利を擁護するという文脈でエンパワーメントという概念が発達してきた背景がある．そこで重要になってくるのは，自己決定であり，自分にかかわることについて自分で決定することを支えるというスタンスの支援活動のためにエンパワーメントという概念が用いられる［園崎 1999：35-53］．

　　(E)障害者支援においてエンパワーメントとは，やはり権利に目覚めた意識を持つことと考えられ，障害を持つ人の思いのままに生活したい，コミュニティの中で生活したい，という願望を支援することである．自助と自己決定もこの場合の重要な観点となっている［チャールトン 2003：213-303］．

5 ）　「SEPOM2002年度後期活動報告書／会計報告書」（2002年11月より2003年 4 月）作成2003年10月，「SEPOM3年をふりかえる」（2004年 6 月 9 ～10日会議報告書）作成2004年 9 月15日より抜粋．

6）　SEPOM（セポム：タイ─日移住女性ネットワーク）は，2001年2月に立ち上げられ，日本においてスナックママさん殺人事件の被告として実刑判決を受けて3年余り服役してタイに戻った女性と日本人のボランティア（コーディネーター）を中心に，タイ北部で調査をして声をかけた移住女性たちの集まりとして始められた．日本での人身売買の現状，刑事事件などをめぐる暴力的な状況については，高原［2002a］を参照．

　　当事者女性たちとソーシャルワーカーのグループとして常時20名ほどのグループで活動しており，タイ北部に日本から帰国している移住女性たちの調査，緊急支援や一時宿泊サービス，心のケアやカウンセリング，法的・行政関連のサポート，経済的支援などをおこなっている．日本の外国籍女性支援の団体ともネットワークとしてつながっている．本節は，主にSEPOM（セポム）の活動から見えてくる筆者のフィールドワークの知見に基づいた，移住者女性をとりまく状況である．

7）　タイでは1980年代後半から90年代にかけてHIV感染が蔓延し，90年代半ばからAIDS発症，死亡する人が急増した．感染者の増加とともに医療機関でもHIV感染治療が一般治療に含まれるようになった．2001年4月には抗ウィルス剤の国内生産が始まり，従来の10分の1の価格で販売されるようになり，画期的な変化が起きた．SEPOMにおいては，調査においてHIV感染の女性，AIDSで亡くなった女性，またセックスワーカーがHIVをもたらすという見方をされて傷ついた女性と出会い，HIV／AIDS基金を設けた．これは，HIV感染者，AIDS女性，子どもを経済的に支援すること，死と向き合った人の力の結集への支援，正しい情報を伝えることを目的としている．

8）　2003年3月1〜2日チェンライ市の高地民教育と開発財団の建物内で開かれた．参加者は，総勢70名で，そのうち日本人参加者は30名であった．内訳は，SEPOM関係者は女性グループの14名，スタッフ及びボランティアスタッフ5名，タクライというタイ国内の日本人ボランティアネットワークのメンバー，日本から参加したSEPOM支援者，チェンライ県のNGO関係者と行政の職員，教育者や通訳．ほとんどが女性の参加者であり，男性の参加者は10分の1であった．

9）　日本人コーディネーターからの筆者へのメール応答においての指摘である．

10）　参加型演劇ワークショップという形をとったという意味が最も現れたのは，〈日常性とジェンダー規範のかかわり〉という点であったと思われる．その場に居る誰もが傍観者ではない，という認識がワークショップという形には表れる．

11）　「SEPOM2002年度後期活動報告書／会計報告書」（2002年11月より2003年4月）作成2003年10月，「SEPOM3年をふりかえる」（2004年6月9〜10日会議報告書）作成2004年9月15日より抜粋．筆者自身もワークショップ報告書作りに携わった．また本節における引用等はすべて以上の報告書からか，筆者自身のフィールドワークによる見聞や知見に基づく（2002年12月から2003年3月までの約3か月間筆者はSEPOMに滞在し，その後2006年と2009年の2度に渡り短い訪問をおこなった）．

12）　SEPOMでは，定期的には週に一回日曜日にグループの女性宅のあずまやに集まって話し合いをすることが行われている．ワークショップ後の最初の集まりは反省会になった．その内容も註10の報告書に掲載している．

13）　ここでの〈ボディ・ワーク〉という実践概念は，主体間及び主体内に生じるダイナミ

ズムの変化を表わし，受動と能動の両面から捉えられる身体の働きかけを指している．パワー（権力）とのかかわりからは，その生産的側面に着目すれば，ジェンダー規範のような規制的規範概念に対してはそれを解きほぐす作用として現れる．

14)　自己の「独自性」(uniqueness) とは，すべての人に平等に備わっている尊厳というよりも，むしろ一人称／二人称の語りの自己が持つ個人独自の物語という観点が強い [Cavarero 2000: 89]．

15)　この「自己自身」とは，実体として存在するというよりも，「女であるゆえに」享受する両義的な主観性の拠所の揺れとして理解するべきものである．

16)　すでにあるべき権利，もしくは貧困や抑圧のために自由を持てない人がアクセスする自由としての自己決定が考えられる [高原 2002b]．

42

第3章 フラジリティ（感性）の主体形成

1 - エンパワーメントに向けて

　過去に起こった出来事を思い返すにつれ，その堆積した時間と過酷な客観性は発露を見いだせない流れを生み出す．必ずしも一義的な意味を持たない数々の象徴的な物質性は，因果的形式においては零れ落ち，行き場はないが，寓意性のあるシンボルによって蘇ることがある．

　象徴様式は，エルンスト・カッシーラーにとって，それ自体を越えて可能性の境界線の彼方を指し示した時にのみ首尾一貫するものであり，たとえ可能性が異なった象徴様式において異なって把握されたとしても，そうなりうる，とドゥルシラ・コーネルは述べる．私たちが指し示す対象物は，最初の段階において，象徴様式において現前する私たちの全体的な世界の過去の経験を通じてのみ把握しうるものである．このように，カッシーラーにとって言葉の意味における真なる「象徴」は無いに等しいのであって，それは，所与の何かの痕跡であり，もう一度想起するものであるのだ．私たちの，「世界における存在」とは，可能性の投影に統合的につながっており，一人称の「私（I standpoint）」とは，有限な生き物として携えなければならない「想像上のしるし（the mark of ideality）」とも切り離すことはできないものである[1]．

　自然の合目的性という自由と自然との和解としてカントの『判断力批判』において捉えられているものがあるが，人間性の自由として自然の目的を企画し，歴史的可能性を企図するような想像の媒介を必要としている．それが象徴様式の構成にかかわってくるのである．

　こうした象徴様式において，私たちの生を表現する方法を理解するためには，精神的表現である言語に着目する必要もある．ここには，普遍的応用性を有した意味の世界があり，感覚的享受に拮抗し，媒介する「想像上のしるし（the mark of ideality)」がある．これが表現（expression）と表象（representation）として可能性の境界線上で繰り広げられる象徴様式であるとも言えるであろう．

　こうした象徴様式は，超越論的な思考と同時的にありうるが，言語とともに内在性のある身体の構成のあり様を解明するためにも，時間や空間と主体性とのかかわりを見いだしていく必要がある．そのなかで，エンパワーメントという動態的な社会実践のあり様から見いだせる方向性は，多様な分岐した主体性のなかにおいて道筋をつけていく方法ともなるだろう．

　エンパワーメントとは，「力づけ」という訳の仕方もあるが，それではその理論的背景や社会実践の語彙としての意味を正確には言い表していない．パワーは，文字通りの生命力といういささかスピリチュアルな意味も持つが，社会権力という意味も込められている．

　このなかで，社会的弱者やマイノリティの解放という文脈において，エンパワーはやはり「力づけ」という意味合いを持ち，みずからの力で立ち直る，回復する，抑圧された状況を突破するなどといった方向性を持つ．

　こうしたエンパワーメントがひとつの象徴様式において考えられるとしたら，新しい対象物や新しい意味のありうるかもしれない世界を創出することが可能となるかもしれない．そのためには，何か比喩のような形象が必要となってくるだろう．こうした過去の想起により見いだされる現在と，可能性の狭間における主体性のあり方を，どのようなかたちで見いだし得るか，という点をこの論考においてひとつのテーマとして掲げたいと考えている．

　エンパワーメントは，個人の自己エンパワーメントとともに，パートナーシップ（連携協働）という側面も併せ持つ，広範囲の主体形成のあり方と言うことができる．これは，必ずしも一方向の権力という見方ではなく，多様な方向性を持つ力学であり，言語や身体の構成ともかかわりを持つものだろう．

　エンパワーメントには，いくつかの位相がある．ジミー・バイイは，社会におけるエンパワーメントを組織化されるときのエンパワーメント，社会的エンパワーメント，構造的エンパワーメント，心理的エンパワーメント，宗教的エンパワーメントの5つの位相で分けている．

　第一の組織化のなかにおけるエンパワーメントとしては，会社や機関などでは，半数以上が何らかのエンパワーメントと言い換えられる手立てをそこで働

く人々にとっているという．しかし，その意味はそれぞれの組織にとって異なっている．特に，組織で用いられるエンパワーメントは，権限の行使，就業者の動機づけ，効率化，仕事内容の豊富化，自己決定，自己管理能力，自己影響力，組織内決定や計画過程への関与や参加の度合いといった意味となっている．

　しかし，L. ランデなどにより，エンパワーメントは多くの組織における幻想や神話だという意味においてあり，従来通りの「命令と管理」のシステムのなかに組み込まれているといった批判もある．経営は，組織の中の管理のために責任を持ち，計画を遂行する必要があるゆえに，従業員はエンパワーされるというよりも，備えられていると述べられる．ゆえに，社会批評的視点，構造的視点，心理的視点といった観点からのエンパワーメントの捉え方として，より普遍的に受け入れられる概念や定義が必要であると考えられる．それは，解放されていないと感じることや，弱体化されていると感じるような，女性たちや社会的マイノリティの集団において見いだされてきた視点である．こうしたなかで，社会資源や情報にアクセスできない人々に，ケアや育成，融資といった側面からの支援を個人に対しておこなうことが，エンパワーメントという意味と捉えられる［Bayes 2015: 2-5］．

　第二の社会的エンパワーメントがその意味を担うのだが，ある社会集団，特に不平等や不公正な立場におかれている社会集団に属していることが前提になっている．集団の共通の面としてジェンダー，若者，民族，性的指向，障がい者，居住地，職業，教育レヴェルといった側面が見られるが，そうした社会集団に属していることを越えて，個人が不本意な社会的差別に晒されることがある．

　社会批評的エンパワーメントの視点では，目に見えない制度的力が，個人や組織機関の考え方や価値を形作り，人々の力に転換していくという．ここにはブラジルの教育学者であり，社会活動家であるパウロ・フレイレのような見方が反映されている．第1章で触れた，意識覚醒（CR）という概念は，フレイレの議論と重なり合う場面が多くなるが，フレイレは，人々の個人の自己認識が社会条件によって曲解されている点から，その見方を変革して自由を渇望していく方向を示している．そこには，解放や教育のエンパワーに必要な，聞くこ

と，対話，批評的自省，社会的行為といった過程が敷かれている．

　こうした過程は，養育や介護といった場合にも，その担い手が自尊心のなさや自信のなさに晒され，組織等における決定や選択に対等なかかわりを持つ必要性にも示される［Bayes 2015: 7-9］．

　第三の構造的なエンパワーメントは，個人が「行く場のなさ（powerless-ness)」を感じることへの支援である．「行く場のなさ」とは，資源や能力，知識，経験が不足しているゆえに弱い立場を甘受しているという意味であり，それに対して必要となる資源や情報を支援するという角度から考えられている．それは，資源や情報へのアクセスと同時に，必要なことをおこなうために協力を得るという力も含まれる．たとえば働く場（職場）において，公式にも非公式にも，何かこうしたアクセスや協力の力といったものがあることを理想としている．そこには，個人の能力に還元してしまうのではなく，力と機会の構造が組織のなかで創出されることを前提にするのである．

　ここで，構造的なエンパワーメントとして考えられる個人のアクセスのためのキーワードとなる「情報」，「資源」，「機会」，「支援」を再定義する．「情報」とは，組織決定や政策，目標とそれに伴う資料や技術や専門知識が含まれる．これは，働く人々に目的の感覚や意味，判断力を身につけ，組織全体の決定への影響力を養うこと等を可能にする．「資源」とは，個人がその組織の目標を達成するのに必要な道具や資金，必需品，時間，設備といったものを調達できるようにすることである．「機会」とは，挑戦や報酬や専門性の経験への成長や可動性と捉えることができる．ある組織の委員会やワークグループなどへの参加によってこうした機会が与えられると考えられる．最後に，「支援」とは，支援者や提供者，ピア（隣人）からの案内やフィードバックである．これは，感情の支えや助言，個人的な支援といったことも含まれる［Bayes 2015: 11-12］．

　第四の心理的エンパワーメントは，構造的エンパワーメントが必ずしも人々の感情の側面を考慮していないというところから，それとは別に考えられている．そこには，自己効力と結果への期待が敷かれる．これらは，個人がどのように結果に影響を及ぼしたかという「影響力」，個人の信念が技能を伴った仕事にどのように呈示されたのか，という「自己効力」，仕事の目的とも言い換えられる「意義」，そして個人が選択を統制的な方法でしたのかという「自己

決定」の感覚という側面で捉えることができる．構造的エンパワーメントの数々の条件の適用がどのように理解されたのか，という点が心理的エンパワーメントと捉えることができるだろう．

　最後の宗教的エンパワーメントは，政教分離や無神論の考え方が敷かれているなかで，なおかつ個人の生活ではなく，その生活の統合的なあり方としてのスピリチュアルな生を求めることである．自己の内的な動機や組織のメンバーとしての感覚といったところに直接かかわる分野でもある．それは，リーダーであってもフォロワーであっても，精神性や隣人愛，善き生（well-being）を意味する．自己の超越性や他者とのつながりといったことにもつながる［Bayes 2015: 19-20］．

　エンパワーメントの理論化は，パワーのあり方との密接なつながりがある．ニール・トンプソンは，個人的な，文化的な，構造的なというそれぞれのレヴェルにおけるパワーの働き方を次のように述べる．まず個人的な点は，心理学的様式として，それと同時に個人の達成する能力といった場面を想定する．次に文化的な点は，ミシェル・フーコーの言説理論の中で展開する権力の構造であり，言語と意味作用と行為とがある権力の秩序によって展開されることを想定する．最後に構造的な点は，社会的階層として見られる，階級，人種，民族，ジェンダー，年代，障がい者，セクシュアル・アイデンティティ，宗教，言語といった多様な次元に伴った認識である［Bayes 2015: 5-7］．このようななかで，エージェンシー（agency）という個人やグループの，個人や集団自身のための決定の能力を表わす概念がエンパワーメントの理論化の鍵となる．環境や自己意識の決定論ではなく，その前にある自由度と個人的責任のあり方ともつながってくるだろう［Bayes 2015: 24］．

　しかし，その言語と意味作用と行為とを貫く主体性という議論には，「行き場のなさ（powerlessness）」という視角を通じて，被傷性という概念が必要となるだろう．

2 - 主体形成の被傷性

　エンパワーメントとは，そのさまざまな広がりのなかで自己決定の理論化と

いう捉え方ができるが，そのなかで身体の存在論という性的差異が絡むゆえの
位相がある．

　ジュディス・バトラーは，あやうさを感知することによって暴力が増してし
まうこと，つまり，生のあやうさの感知が，ある一群の他者の身体的な傷つき
やすさを見抜く洞察力をもたらし，その洞察力がその他者を破壊しようとする
欲望をかきたててしまう，という矛盾に対して，私たちが法的保護を受ける権
利や，生き続け，元気でいる権利について，より広範な社会的，政治的主張を
するために，新しい身体の存在論によって裏づける必要性を述べる．それは，
あやうさ，傷つけられ害をなされうるということ，相互に依存し合っていると
いうこと，晒されているということ，身体が持ちこたえるということ，欲望，
働くこと，そして言語と社会的帰属の要求についての再考を伴う新しい身体の
存在論である．しかし，その身体とは，それによって生き続け，生き生きとし
ていることができ，それは，言語や働くこと，そして欲望が含まれるような社
会性の主張にさらされるのみではない．身体は，社会的，政治的に分節化され
た力にさらされるのである．程度の差こそあれ，実存主義的な概念である「あ
やうさ（precariousness）」は，こうして，より明確に政治的な観念である「不安
定さ（precarity）」と結び付けられる．そして，バトラーの見るところ，その
「不安定さ」が格差を伴って割り当てられているということこそが，身体の存
在論の再考と，進歩的あるいは左翼的な政治との双方にとって，アイデンティ
ティのカテゴリーを乗り越え，横断し続けていくような方法による，出発点に
なるのである．[2]

　身体の存在論において，その社会性以上に，社会的，政治的に分節化された
力に晒されるという構造が想定される．そのなかには，「承認」という批評的
観点を持った概念に比べ，「感知」という完全な認知を欠いたままで，まだか
ならずしも概念化されていないままで事態を左右してしまう認識的観点が存在
する．

　言い換えるなら，身体の存在論とは，路地裏における生の様相と，言説のな
かで危機に曝されるあやうく不確かな生を結びつける存在論として言辞できる
ものであろう．ここにおいて路地裏とは，呼びかけられることによって社会的
規範に覆いつくされてしまう〈主体化〉に，必ずしも生成しない領域を指して[3]

いる．それは，必ずしも言明することはないためらいや不確かさの領域に，時間差で浮かび上がってくる生の様相に賭けるということでもある．数に入れられるべき生からは抜け落ちる生があるとき，誰が何を根拠に選択や決定が行われるのか．また失われる生を公共の場で悼むことが許されない場合，その生を悲しむことはできるのだろうか．

　こうした被傷性や喪失の経験は，すぐさま軍事力に転化するような暴力や報復に訴えることに必然性をもたらすのではなく，ある損害に対して応答する可能性，非暴力の可能性を示していかなければならないだろう．

　何かが満たされていないからといってそれを喪失と捉えることはできるのだろうか，という問いを置く．そうすると，マイノリティ／マジョリティ，身体／精神，自己承認／自己存在，「あなた」／「わたし」という対立項がかならずしも自明ではないということが曝されてしまう．もちろんここで念頭に置いていることは，権力と承認の理論によってはカウントされることはない生であるのは間違いない．しかし，容易ではないとバトラーも述べる個人の形成と国家に収斂される政治や文化の形成とが，「主体」を語るという場において結びつき，個人のみではなく，行為能力や知覚力について語ることが，主権的権力の概念を支えている，ということが示すように，カテゴライズされる言明が政治的実践と呼ばれる場においてそれ自体力を帯びてしまうこともありうる．マジョリティの側が何かを失った，という言明は，個人形成の複雑さや不確かさによってマイノリティと呼ばれる人々との共通の言辞の土俵が開示される可能性を遮断させる力を帯びる．

　また，性的差異に関しても，実体概念として捉えることはできず，関係概念として考えなければならないという点が，喪失という否定的な形容として捉えることとかかわるゆえに，その言語としての象徴様式が問われてくるのである．

　他者の悲惨を前に，どのような倫理的応答ができるのだろうか，という問いもそれにかかわって知覚しうる現実の領域の形成を浮上させる．スーザン・ソンタグの『他者の苦痛へのまなざし』を引用しながらバトラーは，苦痛が私たちの眼前に差し出されたとき，その表象はどのように私たちの応答に影響するのかについて，嘆き悲しみうる生になりうるか，そうではないかを決める広範囲の規範に結びつく，ある人間像を配分するフレーム（境界）を理解する必要

があるのだとする.

　それは, 知覚しうる現実として見えているもの／見えていないものにかかわる視覚が, どのようにある人間像のフレームに捉えられるのか, その表象の様式を考えるためにも, 写真の枠組みの解釈という見方に着目する必要がある. 以下, バトラーの引用である.

　　「写真はそれ自体解釈にはなりえないゆえに, キャプションや分析が必要だというソンタグの見解はまた異なった縛りへと導く. 彼女は, 散文や絵画は解釈があり得るが, 写真は単に選択的であり, 現実性の部分的な刻印であるとする.（中略）写真が欠いているのは, 語りの首尾一貫性であり, それはある種の解釈にとって標準的なものであるとしても, あらゆる解釈にとってそうであるわけではない.「視覚的解釈」という概念を撞着語法にしないためには, 写真が現実をフレームにおさめる時, すでにその枠組みのなかで何に力点を置くのかは決まっており, こうした境界設定の行為は確かに解釈的であり, アングルやフォーカス, 光の加減などの様々な効果はやはり解釈的な可能性を持っている, と認めることが重要であろう. 解釈というものは主体的行為という点に制限して理解されるべきではない. 解釈が生じるのは, むしろジャンルや形式の制約が, 情動の伝達可能性を構造化しているためであり, だからこそ解釈は, 時には人の意に背き, われ知らずの時に起こることもあるのである[5]」.

　この解釈が構造化する, ということは, 情動による伝達において, すでにある形式が（アングルやフォーカスや光の加減が）内在しているが, それを主体的行為に還元せず, 表象の解釈の可能性を広げることである. それゆえに, その場にある物語が欠けているという写真であっても, 戦争に対する政治的評価を変えてしまうことがあったり, 見る者が直接的な判断を下すような移行的影響を帯びることがある, ということが示される. 次のソンタグの言辞は, 写真の本質的な性質を言い当てているようである.

　　「物語はわれわれに理解させる. 写真の役目は違う. 写真はわれわれにつきまとう[6]」.

　しかし，バトラーは，そのことを反転するかのごとく，アブグレイブ収容所における拷問や虐待の写真が持つ視覚的痕跡を，公共の議論とのかかわりで見る．写真は，ある光景を引き出し，表象し，視覚的イメージは写真の枠組みのなかで保存されるが，またその枠組みは視覚の領域を形成するカメラにも属し，イメージの技術的前条件として機能する．しかし，カメラは枠組みの外にあるが，同時に外部を構成する光景の中にもある．これらの拷問の行為の写真が，公共の議論のテーマになるのなら，写真の光景は引き延ばされることになる．

　ソンタグが述べるように，残虐さの現代的概念が写真の証拠を必要とするなら，そのような証拠を通じてしか拷問が成り立つ手立てがなく，この点において証拠は現象を構成していると言える[7]．

　これは，残虐さ，拷問をめぐる写真の解釈の枠組みが，ある現象の地続きの構成として，フレームの外部とつながっている，ということを喚起する．

　ここで，写真がまとう時間性の観点を導入したい．

　写真には，先んじた未来性の問題がある．ロラン・バルトは，ある種の写真に抱く愛着について自問するなかで，文化的な関心を惹く領域（ストゥディウム）から，時折りその場を横切る予期せぬ閃光を区別し，後者をプンクトゥムと呼んできた．それは，何かの細部というのではなく，別の「傷痕」が存在するということである．この新しいプンクトゥムとは，もはや形式ではなく，強度という範疇に属するもので，「時間」である．「それは，かつて，あった」という写真のノエマの悲痛な協調であり，その純粋な表象である．こうした「それはかつてあった」を強調するプンクトゥムとしての時間によって，一枚の写真に過去と未来の等価関係が発見される．それはそうなるだろうという未来と，それはかつてあったという過去を同時に読み取るのである[8]．

　　時間性が宿る，「傷痕」の表象は，バルトが述べる写真には瞬間に空間を凝縮するという意味における暴力性とも相通じるものがあるだろう．バトラーは，このような絶対的な過去は，メランコリーの力[9]に対抗し，より公然とした悲しみの様式を開くことができるだろうか，と問いかける．このような意味において写真は，悲しみを予想し，演じ，生の悲愴の緊張に通じている．もし私たちがつきまとわれていないのなら，喪失も無く，

失った生もなかったのだということになる．しかし私たちが写真によって
揺さぶりをかけられ，つきまとわれたのなら，それが記録するよりも長く
生き続ける生を通じて，写真が，私たちに働きかけているということにな
る．写真は，喪失が喪失として認識されるだろう時間に先駆けて，為され
ているのだ．このように私たちは，他者の悲惨や死に先んじてつきまとわ
れている[10]．

　写真は，ある生を過去のものとして眺める視点を内在し，その悲嘆の可能性
について促している．すでにあるメランコリーの様式に情動や解釈が当てはま
るのではなく，来るべき時と来るべき喪失を指し示しているのである．

　ソンタグは，「写真による世界の認識の限界は，それが良心を刺激しながら
も，結局は倫理的，政治的認識には至らない[11]」とするが，視覚的表象と世界の
認識が混合し，バトラーが指摘する「五感の民主主義」へと至る道筋がいまだ
見えてこない．言語の共通認識に比べてより民主的とされる写真の表象は，よ
り広範囲で，遠隔な場所からリアルな認識をもたらし，同時に文化的障壁を飛
び越えながら衝突させる．これまでになく地球のあらゆる場所の生が，意味の
連関がありつながっているという事態に突入している．

　ここにおいて，今一度，主体の被傷性という概念に戻りながら，五感の認識
と身体性とのかかわりについて考えたい．

　私自身の自己形成において，その傷つきやすさを人間主体の属性とするとき，
それはすでに存在している承認の規範に根本的に依存している．私たちは自分
自身の身体をめぐる権利を求めて闘うが，その根拠である身体そのものが私た
ちだけのものであったことはないし，どんな身体も必ず公的な次元をもってい
る[12]．自己の自律性を築き上げるなら，みずからの身体を形作っている社会的条
件を，すなわちみずからが選択したと言いきれるわけではない他者に私の身体
が関係しているということを否定することはできないであろう．

　バトラーが自律性と対比させてみる希求として，「身体の場所，それが私た
ちを自分の外部に捨ておき，私たちを茫然自失させてしまう，そのような仕方
がもうひとつの希求を政治領域のなかに開く可能性[13]」を問いかけているが，そ
のような我を忘れるような経験として，悲しみが浮上する．

　悲しみには，自分が何者であるのかという認知を基礎づける非所有という様式を理解する可能性が孕まれる[14]．

　それは他者に対する原初的な傷つきやすさと述べることができ，人間が他者への依存と社会性ゆえに，受動性と可傷性とを本質的に避けられない存在とも述べられるだろう．しかし，人によって傷つきやすさや傷つくきっかけはそれぞれであり，ある人々が他の人々よりも気まぐれな暴力の犠牲になる確率は高くなってしまうこともある．

　こうした人々と共有された存在条件は，悲しみによって私たちを対等にする．自分以外のどんな人々が，境界の侵犯や予期しない暴力や剥奪や恐怖をどのような仕方で味わっているのかを知る契機となる．国家の主権形態はこうした面をおしなべて否定しようとするだろう．語りとしての一人称の視点は，国際政治において，語ろうとする「私」の脱中心化を孕むような解釈を予め排除しようとする．脱中心化とは，私たちが受けた傷の一部分として経験されるものである．

　こうしたなかで，一人称の視点は，決して非所有の様式とはならず，むしろ傷を受けたゆえに先鋭化していく．暴力が自衛の名のもとで正当化され，テロリズムの根絶のために正当化される．それは一人称の視点がすぐに再中心化され修正されることを意味する．身体的な脆弱性が公になってしまったことによって開かれた，巨大でナルシスティックな物語が傷を癒すために生み出される．バトラーは，このような嘆きの状況に耐え，それを即座に行動へと帰結させないこと，安全を求めて焦点化していくことではなく，共同体が喪失と傷つきやすさの状態に留まることを学ぶのだ，ということを見いだそうとしている．

　ここにおいて問いかけられるのは，リベラルな主体がこの可傷性とどのようなかかわりにあるのか，またマイノリティ政治が非所有の様式によって統一されることがあるのか，ということである．そのときに，悲しみの表出といった動きが公的空間でどのようになされるのか，という問いも再提出される．

　つまり，公共空間での嘆きとは，膨大な政治的潜在性を秘めており，そこには心的秩序や階層性と同時に政治的権威の秩序や階層性をも混乱させる可能性がある．バトラーがソフォクレスの『アンティゴネー』の読みにおいて公的領域のメランコリーと呼び，理解不能な生が言語のなかに登場するさいの社会的

に制度化されたメランコリーを示した点にもかかわってこよう．アンティゴ
ネーのメランコリーとは，悲しむ権利の主張をまさに公的な言語を通じて為す，
という嘆きを拒否することによって構成されている．彼女がそれを為しうると
いう主張は，彼女の言辞においてメランコリーのしるしとして働いている．彼
女の悲しみの過度の主張は，決して嘆き得ない領域を前提にしている．公共の
場における嘆きを主張することは，女性のジェンダーから離れ，看守たち，
コーラス，そしてクレオーンといった慢心の，過度な男らしさの領域に入って
いく．クレオーンが聞く，「ここにいる男は誰だ」という問いは，アンティゴ
ネーが住み着いている架空の男に見え，それは彼女が肩代わりし，その場を引
き継ごうとする兄弟のことを表しているようである．フロイトが述べるメラン
コリーとは，悲嘆を記録し，法的な主張にし，ここにおいて話すことができな
い領域から，悲しみの出来事が現れるが，こうした言語は言語化可能な境界を
設ける暴力をも運んでくる[15]．

　公的空間における可傷性とは，嘆き得ない領域を抱えたメランコリーである．
　人が自分自身を知るのは，自分自身の外側に，自分自身の外部に，自分が
作ったのではない慣習や規範によって生じた媒介によってのみであり，そのと
き人は，自分自身を創り上げる作者あるいは主体としてみずからを認めること
ができない．この意味で，ヘーゲル的な承認の主体とは，欠如と脱自性のあい
だを避けがたく揺れ動くような主体なのである．「私」の可能性，「私」を語り，
知る可能性は，それを条件づける一人称的視点を脱臼させるような視点にある[16]．
　こうした地点こそが，バトラーが述べる意味での非所有の様式として見られ
ることであるが，社会的に脱自的な身体の構造のなかで，どのように責任を考
えることができようか．
　傷は，影響を受けやすい身体に働きかけることができるが，身体の傷つきや
すさは可傷性に還元されてしまうわけではない．身体はつねに外の世界に対抗
して近づきつつあり，それが個人の統御を越えた他者や環境への，意志せざる
接近によって起こる一般的な苦境の徴候となっている．このような「外の世界
に対抗して接近する」とは，身体を定義するひとつの様式であるが，身体がそ
れ自体でなりうるところのものに対してこの押し付けがましい他者性は，しば
しば世界への応答を生き生きとさせるものでもある[17]．

　一国内で貧困者や新しい移住者に対して個人の自己責任を強調するような言論や，グローバル社会のなかには，共通善が敷かれているが，別様に解釈された安全保障の名の下で，民主主義や安全の擁護のもと軍事行動を起こすことも，バトラーが注意深く，しかし捨て去らない「私たち」が責任をとるという意味としては考えられないと思われる．

　たとえば，メラニー・クラインの生存に対する道徳的反応を読み解きながら，罪が必ず自己保存的衝動によって現れるのかという問いがある．罪から導かれることは，自己反省的な力があるゆえに動物から人間が引き離されるが，合理的な反省よりも，死への恐怖や生きる意志のほうが強いというものだ．人間中心主義が多くの場合道徳的感情の根拠を引き受けるという論と，その代わりに人間は生存を見いだす動物の一種だという見方があるが，むしろ脆く，媒介された社会性の働きにおいて生存可能性はあるのだということが言えるのではないか．生は自己保存の欲望によって保たれるのではなく，有機的な内的衝動として想像され，それがなくては生存が不可能な共存の条件であり，その共存がとる様式に頼ることによって生存がまた危機に曝されるようなものである．[18]

　情動による反応と道徳的価値付けは，必ずすでに作用している枠組みによって保護されるべきものとそうでないものとを分けてみなす配慮に拠るが，暴力への批判は，生の表象可能性への問いそのものによって創始される．生を知覚することは，脆い生に遭遇することと同じではない．脆い生に出会うことは，生のままの遭遇，つまりすべての権力関係の外で私たちを引き寄せるような通常の解釈のすべてを取り去った剥き出しの生なのではない．倫理的な態度は，通常の解釈が破壊されたと同時にすぐ現れるわけではなく，足かせを拭い去った日常の解釈に現れる純粋な道徳的意識はないに等しい．むしろ可視性と可知性を備えた，ある脆い生の表象が支配的になることがありうるのだ．

　もし私たちが，まさに自分たちの生存が境界の政治化，つまりその領土に関係したある主権の戦略にかかっているのではなく，他者にどのように結びついているのかを認識する洞察を受け入れるのならば，政治の場において身体を概念化するやり方へと導かれるだろうとバトラーは述べる．[19]

　生存可能性が，媒介する社会関係の時間的な効力や認識にかかってくるのであれば，本来の居場所と考えられていた場から非在への追放も起こりうる．言

葉は，それ自体が壊れていくことによって，直接何かを表象することはできないという現実をも明るみにする．そのときに，自己保存的な目的に基づいた衝動的行動であるエゴイズムや主意主義とは別様の倫理可能性や，〈他者〉に応答するための源泉として意志せざる感受性を用いることが賭けられているのである．

3‐ラディカル・デモクラシーの行方

　2011年3月11日の東日本大震災とそれに引き続く東京電力福島第一原子力発電所の事故から，日本の戦後民主主義という淡い皮膜が破れるような感覚を持った人も多いだろう．また，日本政府は安全保障関連法案の成立という不戦の誓いを破るような方向へ踏み出している実情のなかで，ラディカル民主主義を再考することは，決して外れた場所にあるわけではない．2022年には，ロシアのウクライナへの侵攻があり，引き続く戦争と軍事主義との対峙のなかで，イマニュエル・カントの平和構築の思想の第一にある，民主主義に重きを置く必要性は迫られている．

　ポストマルクス主義の政治状況から，ヘゲモニーの構成とラディカル・デモクラシーを示すエルネスト・ラクラウは，チェスのプレーの論理を指し示し，一般論理があらゆる可能な言語の基盤を打ち立てるという考えを退け，まったく反対に，論理は文脈に依存する――市場や近親関係その他，その時参加している言語ゲームに左右される――，つまり，どんなアプリオリな基盤ももたない，完全に個別の言語ゲームに内在するのがチェスのルールだという．あらゆるヘゲモニー編成にはそれ自身の内的な論理があり，それはそのなかでプレーすることを可能にする言語ゲームのまとまり以外のなにものでもない．[20]

　このようなチェスのルールのような民主主義の言語に内在している敵対性とは別の論理が覆う状況がある．ちょうど2000年代に入り，新自由主義的様相のなかで，行政の会館の運営をNPO等市民活動や一企業に任せるといった流れができたが，そのなかにおいて，市民の民主的運動や活動が，市政の一部を担うという敵対性とは異なった論理が生まれた．ジェンダーに関する施策のなかで，そうした市民活動自体を，「やりがいの搾取」と呼ぶように，社会的ミッ

ションのもとで有償労働ではあるが，「やりがい」を持って仕事をすることに対して馴致化しているという論理も出てきた．

　このようななかで，リベラル・デモクラシーが前提にしているような，人々の社会的紐帯や人間的道徳性の支えによって複数の多様な人々が共存するような社会，つまり制度等の中立性や整いによって人々の価値観の多様さを担保するような実情と，ラクラフなどが敵対性としての政治的なものと示すような領域は，どのように重なり合い，接点を持つようになることができるのだろうか．

　リベラル・デモクラシーの持つ二面性として，特に宗教の領域のような次元を私的領域として保つ自律性がありながら，公共空間における分離を伴う，ゆえに，もう一方でファシズムに近似する動きを加速させる要素もありうる．

　柴田寿子は，アメリカにおいてリベラル・デモクラシーの陥穽を見たレオ・シュトラウスから，リベラリズムによって「（複数の）社会」は破壊されるのではないか，とする問いを立てている．リベラリズムとは，国家と社会を分離し，国家という公的領域の縮小化と社会という私的領域の拡大化をめざし，その結果公的領域においては法によるリベラルな原理が保証されるが，他方で自由とされる私的領域を規制する原則はなく，リベラルな原理に反する差別が容認・保護される．それは，リベラルな個人主義と固有性をもつコミュニティとは矛盾し，リベラル・デモクラシーは人間という普遍主義的な原理にもとづきユダヤ人全体を保護すると言う目的のもとに，ユダヤ人コミュニティに対する暴力をもたらすという［柴田 2009：43］．

　ラクラウの考えでは，自己創造の要求と人間的連帯の要求とを厳密に分けるのではなく，公私の区別は民主政治にとって重要ではあるが，本質にもとづく区別ではなく，個人の自律が公共的目的を与えることもあれば，私的なものが政治化することもあり，公私の区別は絶えず交差する不安定な境界として考えるべきものだとする．[21]

　ラクラウと共闘するシャンタル・ムフは，政治的なるもの，特に民主主義的な政治は，対立や分裂を決して克服できないとし，リチャード・ローティやユルゲン・ハーバーマスといった合理主義者たちが「討議による民主主義」として合意論的アプローチを示すところに民主主義の本性についての重大な誤解があるとする．民主政治において危険にさらされているものを捉えるためには，

包括的な合意は確立できないことを示す，脱構築のようなアプローチが基本的に必要となるという[22]．

ひとたび政治的な決定が為されると，それは道徳的要求ではないにもかかわらず，「民主的な公共的理性の自由な行使」の成果であるように提示される．

たとえば，ローティが示す公的な問題を私的な関心から区別し，残酷な行為や社会正義の問題を人生の意味とか自律への要求についての関心から区別できる，リベラルなアイロニストであるような理想像に対し，それはむしろ宗教的信念を抱いていたり，啓蒙思想のヒューマニスティックな価値への未練を抱いていたりするリベラルな形而上学者の場合のほうが一般的なのではないか，とも思われる[23]．

このような私的な関心と公的領域を区別しにくい政治空間における決定に，脱構築のような観点が民主主義の行方に必要とされる点は協調の度合いを試されるだろう．

ラクラウが述べる脱構築は，構造的な決定不可能性の領域を拡大することによって，また決定理論のための領域が決定不可能な領域に属することを明らかにすることによって，政治理論における決定的転回をもたらしているものだという[24]．

自由を制限するものが，自由を可能にするというパラドックスに表されているように，完全な合理性と選択可能性は矛盾する．やはりそこには権力があり，私たちが可能性として望める自由は，私たち自身を越えた必然性の意識なのであろうか．

4 - 経験のアポリア

経験は，書かれた言語（language）と話された言語（speech）とにおいて分かれて表現されるものだが，この境界には「これからできるかもしれない」という超越論的な意味においての潜在性（初期性）が敷かれている．これは，耳で聴かれた声と文字で書かれた言語とのあいだのまさに倫理の領域の差異が展開されている．言葉を用いる生き物としての人間の性質が表されるゆえんである．

このなかで，政治的なるもの／公的領域／ポリス（都市）と述べることがで

きるものと，社会的なるもの／私的領域／オイコス（生活領域）とがこの言語
と語り（声）との区別に重なることができるのだろうか，という問いがある．

　そのために，経験に関して，それが意識的主体とのかかわり，歴史を帯びる
ということ，決定の判断を下すという行為に関して次の3点の論点が待たれる．

　まず第一に，経験の純粋性に達することができるか，という再現不可能な一
回性としての経験と，その主体とのかかわりという論点がある．あるその時に
感受していた知覚のみがシーンとして残されるといったことは多々あり，再現
は記憶として残るのではあるが，客観性という名のもとでは表現されえない．
ここでは，その記憶を語る主体が問題となる．証言の場には，必ずしも時と場
所といった時系列や地政学的な整合性が伴わない場合があり，その時に何を感
じていたか，憂鬱であったか，苦しかったかといった起こったことの言明以前
の状態が主体を圧倒している．

　第二には，科学と経験との二つが出会う平行の地点には，知識が破られるよ
うな不可能な消失点としての均衡が与えられる，という点である．ここには，
やはり新しい自我と肉体の世界とのあいだの媒介が備えられている．ジョル
ジュ・アガンベンは中世のキリスト教世界のなかで「探索」（旅）として，捉
えられるものを示している．オータンのホノリアスによる，原罪以前には，人
間は善を経験から，悪を科学から知ってきたが，原罪以降は悪を経験から，善
を科学からのみ知る，という原理にキリスト教世界は占められていた．こうし
た科学的知へは，方法論もしくは道が敷かれているのに対して，「探索」（旅）
は道なき認識であり，経験のみが人間に与えられているものだという．ドン・
キホーテは日常の見慣れた風景や住民を特別な幻影のもとに見ていたという点
において，中世の完全なる「探索」（旅）を主題としていた[25)]．

　ここでは，原罪によっては破壊されえない超自然的な交信が行われる主体が
提示される．

　第三には，意識の弁証法的な動態と純粋な否定性に関することである．イマ
ニュエル・カント以降において始まったことは，ひとつの完全な主体のなかに
超越論的主体と経験的意識とを再結合することだという．経験は，意識の限界，
単なる道具，手段であるのを止め，それ自体が主体形成の本質となる．それが，
ヘーゲルの「精神現象学」のなかで描かれる意識経験の科学であるが，弁証法

の過程によってその構造が変化していく．精神性というものが，自己意識と経験的意識とに対抗した意識の形で展開する，それゆえに，それ自身による，それ自身のための精神という概念ではなく，自己意識と意識とが結合したかたちを取っていくのである[26]．

アガンベンは，ここにおいて経験を意識の一義的な性格として，その本質には否定性があるとする．それは，いつもいまだ来たらずという存在を表わす．弁証法は，それ自体，外部からの知に帰する何かなのではなく，むしろ新しい完全なる主体のなかにおいて，経験の本質を新たに同一化する知を示す．意識には弁証法的な構造があるという事実は，それ自体を実体として掴めないということであり，全体としてそれに成りうるという総体，つまりその受難を示している[27]．

その一方で，表現形態に内的／心理的側面が出現しているのか，純粋な経験の持続性はあるのか，無意識の領域が主体とどのように関係しているのか，という問いが開かれる．精神分析から示される，経験はすでに主体に属するのではなく，三人称の「それ」に属すという見方も，同時に時間性を喚起する．経験は，それ自体に虚空の穴を持ち，そこから経験し得ない世界を詩的言語のなかで見いだしていく．天使や人形劇や曲芸，子どもたちのなかに，すべての経験が自由になる実存の形象を保持すると同時に，個人が積み重なる人間性としての矛盾も折りたたまれていく．

注
1）"Symbolic form in Cassirer only coheres as it points beyond itself to a horizon of possibility, even if that possibility will be comprehended differently in different symbolic forms. The objects we denote are only perceived in the first instance through our whole previous experience of the world revealed in a symbolic form. Thus, for Cassirer, nothing is truly a "symbol" in his sense of the word if it is only a mark of something that is already given and merely allows us to recall it again. For Cassirer, our being-in-the-world is integrally tied to the projection of possibility, including the possibility of an I standpoint inseparable from the mark of ideality that we must carry with us as finite creatures," [Cornell and Panfilio 2010: 25].
　　カッシーラーのシンボルの問題が，普遍的重要性を維持するためにはたえず意味の変化

を繰り返さなければならないという［Cassirer 1985: 邦訳 21］.

2 ）"The apprehension of precariousness leads to a heightening of violence, an insight into the physical vulnerability of some set of others that incites the desire to destroy them. And yet, I want to argue that if we are to make broader social and political claims about rights of protection and entitlements to persistence and flourishing, we will first have to be supported by a new bodily ontology, one that implies the rethinking of precariousness, vulnerability, interdependency, exposure, bodily persistence, desire, work and the claims of language and social belonging. 〔— some lines omitted —〕 In other words, the body is exposed to socially and politically articulated forces as well as to claims of sociality—including language, work, and desire—that make possible the body's persisting and flourishing. The more or less existential conception of "precariousness" is thus linked with a more specifically political notion of "precarity." And it is the differential allocation of precarity that, in my view, forms the point of departure for both a rethinking of bodily ontology and for progressive or left politics in ways that continue to exceed and traverse the categories of identity," [Butler 2009: 2-3; 邦訳 10-12].

3 ）バトラーは，呼びかけは主体に生命を与え，存在へと変えていくというアルチュセールの呼びかけの場面を想定し，慣習を儀礼的に反復するなかで観念化がなされていくことを述べる.

"Thus Althusser scandalously invokes Pascal on religious belief at the moment he is called upon to explain the ritual dimension of ideology: "Pascal says more or less: 'Kneel down, move your lips in prayer, and you will believe.'" The hollow gesture becomes filled in time, and ideation is produced in the course of this ritualized repetition of convention. "Ideas," for Althusser, do not *precede* such actions, but have their "existence … inscribed in the actions of practices governed by rituals …" (170). In the famous scene of interpellation that Althusser provides, the policeman hails the passerby with "hey you there" and the one who recognizes himself and turns around (nearly everyone) to answer the call does not, strictly speaking, preexist the call. Althusser's scene is therefore, fabulous, but what could it mean ? The passerby turns precisely to acquire a certain identity one purchased, as it were, with the price of guilt. The act of recognition becomes act of constitution: the address animates the subject into existence," [Butler 1997: 25; 邦訳 40].

4 ）"I realize that it is not possible to set up easy analogies between the formation of the individual and the formation, say, of state-centered political cultures, and I caution against the use of individual psycho-pathology to diagnose or even simply to read the kinds of violent formations in which state-and non-state-centered forms of power engage. But when we are speaking about the "subject" we are not always speaking about an individual: we are speaking about a model for

agency and intelligibility, one that is very often based on notions of sovereign power," [Butler 2004: 44-45; 邦訳 88].

5) "But although Sontag is clearly right to maintain that we need captions and analyses, her claim that the photograph is not itself an interpretation nevertheless leads us into a different bind. She writes that whereas both prose and painting can be interpretive, photography is merely "selective," suggesting that it gives us a partial "imprint" of reality: [-some lines omitted-] What photographs lack is narrative coherence, and it is such coherence alone, in her view, that satisfies the needs of the understanding (a strange twist on a fundamentally Kantian position). Nonetheless, while narrative coherence might be a standard for some sorts of interpretation, it is surely not so for all. Indeed, if the notion of a "visual interpretation" is not to become oxymoronic, it seems important to acknowledge that, in framing reality, the photograph has already determined what will count within the frame-and this act of delimitation is surely interpretive, as are, potentially, the various effects of angle, focus, light, etc. In my view, interpretation is not to be conceived restrictively in terms of a subjective act. Rather, interpretation takes place by virtue of the structuring constraints of genre and form on the communicability of affect-and so sometimes takes place against one's will or, indeed, in spite of oneself," [Butler 2009: 62-68; 邦訳 66-67].

6) "Narratives can make us understand. Photographs do something else: they haunt us," [Sontag 2003: 89; 邦訳 88].

7) "The photos depict or represent a scene, the visual image preserved within the photographic frame. But the frame also belongs to a camera that is situated spatially in the field of vision, thus not shown within the image, though still functioning as the technological precondition of an image, and indicated indirectly by the camera. Although the camera is outside the frame, it is clearly "in" the scene as its constitutive outside. When the photographing of these acts of torture becomes a topic of public debate, the scene of photograph is extended. [-some lines omitted-] If as Sontag claims, the contemporary notion of atrocity requires photographic evidence, then the only way to establish that torture has taken place is through presenting such evidence, at which point the evidence constitutes the phenomenon," [Butler 2009: 80-81; 邦訳 105-106].

8) "At the time (at the beginning of this book: already far away) when I was inquiring into my attachment to certain photographs, I thought I could distinguish a field of cultural interest (the *stadium*) from that unexpected flash which sometimes crosses this field and which I called the *punctum*. I now know that there exists another *punctum* (another "stigmatum") than the "detail." This new *punctum*, which is no longer of form but of intensity, is Time, the lacerating emphasis of *noeme* (*"that-has-been"*), its pure representation. [-some lines omitted-] I read

at the same time: *This will be* and *this has been*; [-some lines omitted-] By giving me the absolute past of the pose (aorist), the photograph tells me death in the future. What *pricks* me is the discovery of this equivalence," [Barthes 1981: 94-96; 邦訳 118-119].

9) バトラーはフロイトの『喪とメランコリー』,『自我とエス』などに依拠しながら,禁止,否認,喪失が異性愛の自我形成の基盤をなし,異性愛者も同性愛者も同性愛的愛着の喪失が嘆かれないメランコリーの異性愛文化の中に生きているとする.

"If we accept the notion that the prohibition on homosexuality operates throughout a largely heterosexual culture as one of its defining operations, then the loss of homosexual objects and aims (not simply this person of the same gender, but *any* person of the same gender) would appear to be foreclosed from the start. I say "foreclosed" to suggest that this is a preemptive loss, a mourning for unlived possibilities. If this love is from the start out of question, then it cannot happen, and if it does, it certainly did not. If it does, it happens only under the official sign of its prohibition and disavowal. When certain kinds of losses are compelled by a set of culturally prevalent prohibitions, we might expect a culturally prevalent form of melancholia, one which signals the internalization of the ungrieved and ungrievable homosexual cathexis. And where there is no public recognition or discourse through which such a loss might be named and mourned, then melancholia takes on cultural dimensions of contemporary consequence. Of course, it comes as no surprise that the more fierce the ungrieved homosexual cathexis. In this sense, we might understand both "masculinity" and "femininity" as formed and consolidated through identifications which are in part composed of disavowed grief," [Butler 1997: 139; 邦訳 173-174].

生きる権利を主張することは,正しい心を得ようと争うことであり,それをおこなうのは,意思的な行為ではなく,社会生活およびそのような行為を可能にする言語生活に従属することによって,つまり自我およびその自律性の境界を越える言語生活への従属によってである.

"To claim life in such circumstances is to contest the righteous psyche, not by an act of will, but by submission to sociality and linguistic life that makes such acts possible, one that exceeds the bounds of the ego and its "autonomy"," [Butler 1997: 197; 邦訳 240].

10) "Under what conditions does this quality of "absolute pastness" counter the forces of melancholy and open up a more explicit form of grieving? [-some lines omitted-] In this sense the photograph, through its relation to the future anterior, instates greievability. [-some lines omitted-] If we are not haunted, there is no loss, there has been no life that was lost. But if we are shaken or "haunted" by a photograph, it is because the photograph acts on us in part through outliving the life it documents; it establish in advance the time in which

that loss will be acknowledged as a loss. So the photograph is linked though its "tense" to the grievability of a life, anticipating and performing that grievability. In this way, we can be haunted in advance by suffering or deaths of others," [Butler 2009: 97-98; 邦訳 125].

11) "The limit of photographic knowledge of the world is that, while it can goad conscience, it can, finally, never be ethical or political knowledge," [Sontag 1977: 23-24; 邦訳 31].

12) 身体はジェンダー化された言説の外部に存在しえないということを認めるなら，つねにすでにジェンダー化されていない身体も存在しない．しかし，そうだとしても物質としての身体など存在しないということではなく，その物質性は言説をとおしてしか理解できない．記号に先んじて置かれた身体は，つねに先行して置かれ，意味づけられている．この意味づけは，それにもかかわらず，同時にそれ自身の行為に先行しているという発見を主張するような，まさにその身体の行動による効果を生みだす．もし記号に先んじて意味づけられている身体が，その意味付けの効果であるのなら，言語の表象的地位は模倣であり，それは必須の鏡として身体に付きまとう記号だということになり，まったくそれでは模倣ではなくなる．反対に，それは生産的であり，構成的でありさらには遂行的とも論じられ，意味づけの行為は身体を限界づけ，輪郭を描くようになり，どのようなすべての記号にも先んじていると主張する．

"The body posited as prior to the sign, is always *posited* or *signified* as *prior*. This signification produces as an *effect* of its own procedure the very body that it nevertheless and simultaneously claims to discover as that which precedes its own action. If the body signified as prior to signification is an effect of signification, then the mimetic of representational status of language, which claims that signs follow bodies as their necessary mirrors, is not mimetic at all. On the contrary, it is productive, constitutive, one might even argue *performative*, in as much as this signifying act delimits and contours the body that it then claims to find prior to any and all signification," [Butler 1993: 4-7].

13) "Is there a way in which the place of the body, and the way in which it disposes us outside ourselves or sets us beside ourselves, opens up another kind of normative aspiration within the field of politics?" [Butler 2004: 26; 邦訳 58].

14) "Perhaps we can say that grief contains the possibility of apprehending a mode of dispossession that is fundamental to who I am," [Butler 2004: 28; 邦 訳 61-62].

15) メランコリーはその人の「訴え」を記録し，法的主張を向け，そのとき言語は悲嘆の出来事となる．また言語は語りえぬものから湧き上がってくるがゆえに，語りえるものの限界に語りえぬものをもたらす暴力を運んでくる．

"Her melancholia, if we can call it that, seems to consist in this refusal to grieve that is accomplished through the very public terms by which she insists on her right to grieve. Her claim to entitlement may well be the sign of a melancholia at work in her speech. Her loud proclamations of grief presuppose a domain of the ungrievable. The insistence on public grieving is what moves her away from feminine gender into hubris, into that distinctively manly excess that makes the guards, the chorus, and Creon wonder: Who is the man here? There seem to be some spectral men here ones that Antigone herself inhabits, the brothers whose place she has taken and whose place she transforms in the taking. The melancholic, Freud tells us, registers his or her "plaint", levels a juridical claim, where the language becomes the event of the grievance, where, emerging from the unspeakable, language carries a violence that brings it to the limits of speakability," [Butler 2000: 80-81; 155-57].

16) "One is compelled and comported *outside oneself*; one finds that the only way to know oneself is through a mediation that takes place outside of oneself, exterior to oneself, by virtue of a convention or a norm that one did not make, in which one cannot discern oneself as an author or an agent of one's own making. In this sense, then, the Hegelian subject of recognition is one for whom a vacillation between loss and ecstasy is inevitable. The possibility of the "I", of speaking and knowing the "I", resides in a perspective that dislocates the first-person perspective it conditions," [Butler 2005: 28; 邦訳 51].

17) "Of course, injury is one thing that can and does happen a vulnerable body (and there are no invulnerable bodies), but that is not to say that the body invariably comes up against the outside world is a sign of the general predicament of unwilled proximity to others and to circumstances beyond one's control. This "coming up against" is one modality that defines the body. And yet, this obtrusive alterity against which the body finds itself can be, and often is, what animates responsiveness to that world, [Butler 2009: 34; 邦訳 49].

18) "Guilt thus disputes the anthropocentrism that so often underwrites accounts of the moral sentiments and instead establishes the Anthropos as an animal seeking survival, but one whose survivability is a function of a frail and brokered sociality. Life is sustained not by a self-preserving drive, conceived as an internal impulse of the organism, but by a condition of dependency without which survival proves impossible, but which can also imperil survival depending on the form that dependency takes," [Butler 2009: 46; 邦訳 63-64].

19) "If we accept the insight that our very survival depends not on the policing of a boundary-the strategy of a certain sovereign in relation to its territory-but on recognizing how we are bound up with others, then this leads us to reconsider the way in which we conceptualize the body in the field of politics," [Butler 2009: 52; 邦訳 71].

20) "When Wittgenstein, in his early work, talked about 'logic', he meant the logical analysis of propositions as carried out by Frege and Russell-that is, he was con-

cerned with the logical foundations of any possible language, a project he later repudiated. Now, this is exactly the demarcation that my text tries to establish: it dismisses the very idea of a general logic which would establish the logics are context-dependent-the market, kinship, and so on depending on the language game in which one is engaged. 〔-some lines omitted-〕 Well, the rules of the game in chess are what I call the logic of chess-playing. They are purely internal to that particular language game, and do not depend on any aprioristic foundation. In political terms, it means that any hegemonic formation has its own internal logic, which is nothing mode than the ensemble of language games which it is possible to play within it," 〔Butler, Laclau and Zizek 2000: 283; 邦訳 374-375〕.

21) "According to Laclau, it is only in a rationalistic world-one clealy at odds with Rorty's anti-foundationalist premises-that the demands of self-realization and those of human solidarity could be so neatly deffirentiated. In his view, the distinction public/private, important as it is for democratic politics, is not one of essence. It should be problematized and envisaged as and an unstable frontier constantly trespassed, with personal autonomy investing public aims and the private becoming politicized. There is therefore no reason to oppose in such a drastic way the private demands for self-creation and the public ones for human solidarity," 〔Mouffe ed. 1993: 3; 邦訳 6〕.

22) "Politics, especially democratic politics, can never overcome conflict and division, Its aim is to establish unity in a context of conflict and diversity; it is concerned with the formation of a 'we' as opposed to a 'them'. 〔-some lines omitted-〕 This antagonistic dimension-which I have proposed to designate as *the political* -is precisely what the consensus approach is unable to acknowledge, This distinction is overlooked by rationalists like Habermas, because their conception of democracy must postulate the availability of a consensus without exclusion, i. e. a consensus that is the expression of a rational agreement and that would have completely eliminated antagonism. It is also neglected by others like Rorty (but this is also true for Rawls), because their strong separation between the public and the private leads them to the mistaken belief that disagreements might be relegated to the private and an overlapping consensus created in the public sphere. 〔-some lines omitted-〕 This is why an approach like deconstruction, which reveals the impossibility of establishing a consensus without exclusion is of fundamental importance for grasping what at stake in democratic politics," 〔Mouffe ed. 1993: 8-9; 邦訳 16-17〕.

23) "For Rorty, the best that can be hoped for is a person-she, the liberal ironist-who would be able to discriminate public question from private concerns, questions about cruclty and social justice from concerns about the significance of human life and the quest for autonomy. The liberal ironist would be the sort of

person who would be able to distinguish properly the public form the private. Does such a person or community of persons exist? This question allows us to introduce the *utopian* or *critical* element in Rorty's account. Most of the citizens of 'the rich North Atlantic democracies' for reasons of either religious belief or a vague, residual attachment to the humanistic values of the enlightenment, are liberal mataphysicians," [Mouffe ed. 1993: 22; 邦訳 41-42].

24) "Thus, the condition of possibility of something is also its condition of impossibility. As you see, we are already in the terrain of deconstruction. The latter makes possible a crucial turn in Political Theory by: (a) widening the field of structural undecidability; and (b) clearing thus the field for a theory of the decision as taken in an undecidable terrain," [Mouffe ed. 1993: 48; 邦訳 93].

25) "The problem of experience emerges in a specific way in the medieval quests. For the relationship between experience and science in the medieval Christian world is governed by a principle for which Honorius of Autun writes and exemplary formulation: 'Before original sin, man knew good and evil: good through experience [*per experientiam*], evil through science [*per scientiam*]. But, after sin, man knows evil through experience, and good only through science.' The quest-that is, the attempt of the man who can know good only *per scientiam* to experience it, -expresses the impossibility of uniting science and experience in a single subject. [-some lines omitted-] while scientific experiment is indeed the construction of a sure road (of a *methodos*, a path) to knowledge, the quest, instead, is the recognition that the absence of a road (the *aporia*) is the only experience possible for man. [-some lines omitted-] Thus Don Quixote, who lives the everyday and the familiar (the landscape of La Mancha and its inhabitants) as extraordinary, is the subjects of a *quest* that is a perfect counterpart of the medieval ones," [Agamben 1993: 32-33; 邦訳 48-49].

26) "Original sin, with post-Kantian thought begins, is the reunification of the transcendental subject and empirical consciousness in a single absolute subject. In his *Encyclopaedia*, Hegel presents Kantian philosophy as having conceived of the spirit only as consciousness-that is as opposed to self-consciousness and empirical consciousness-and therefore not arriving at 'the concept of the mind as in itself and for itself, thus as unifying consciousness and self-consciousness'. The idea of experience that flows from this unity can be grasped in the Introduction to *Phenomenology of spirit*- which was originally titled *Science of the experience of Consciousness*. For here experience ceases to be merely a means or a tool or a limit of consciousness, and becomes the very essence of the new absolute subject: its altering structure in the dialectical process" [Agamben 1993: 37; 邦訳 55].

27) "Thus experience here is simply the name for a basic characteristic of consciousness: its essential negativity, its always being what it has not yet become.

Thus dialectic is not something that attaches itself to knowledge from outside: rather, it shows to what point in the new absolute subject (much further than in the Cartesian I) the essence of knowledge has now become identified with the essence of experience. The fact that consciousness has a dialectical structure means that it can never grasp itself as an entirety, but is whole only in the total process of its becoming, its 'calvary'," [Agamben 1993: 38; 邦訳 57].

第 II 部
フラジリティ（感性）と表象

第4章 別の身体になること
——エヴァ・ヘッセの空間性と自己意識——

はじめに

　括弧で際立たせた「女性」という語がつねにすでに所与のものであり，それゆえに意識や行動が為されるという解釈をすることはできない，とするのはいまだに理論の上だとされる場合がある．一方で身体を保持するゆえにつねに同じ傾向をそれぞれに持つのか，という命題もいまだに否定することはできない．さらに女性を総体として捉える見方からは，外面性や表層性に囚われるという傾向を指摘されることもある．

　自然に成り立っているとされる性的差異は，なおも行為空間上に立ち現れてくる表象がある．こうした差異の像（イメージ）は，発話する直前に取り込まれる．同次元で述べることは，はばかられる面があるが，起こった暴力を言語化する際に二次的な被害に遭うということも，こうした性的差異の表象と取り込みが為されるためと考えられる．

　かつてシンディ・シャーマンのように自己を被写体とし，ジェンダーの恣意性が跳ね返るようなフェミニズム・アートだったものから，ピピロッティ・リストのような女性の官能的感覚と親密さを映像で表わす「女性的セラピー」［長谷川 2010：110-14］の出現に至るまで，表現者の性差に対するアプローチの変化も見逃すわけにはいかないであろう．

　「個人的なことは政治的である」というウーマン・リブのテーゼが，自己の語りや自己像に軸足を置いて為される何かだとすれば，主体的な自己構成の実践のなかに作用する言説的で規律的な規制及び，差異に実体化する以前の性的差異の力動を捉える必要はあるだろう．注意深く適応を促す性的差異とは異なることを議論しながら，ドゥルシラ・コーネルは，性的差異の知識に関する審美的性質に着目し，女性的なる現表出に息吹を吹き込むことを強調する［Cornell 1999: xxxii; 邦訳 34]．本質主義や戦略的本質主義というカテゴライズによって無化されてしまう領域は，フェミニズムにおける妨げられていると同時に決して提示することはできないユートピアの時間を見いだすだろう．

　また，こうしたユートピアの時間とは，自分自身の部屋という比喩でヴァージニア・ウルフが示した可能性，つまり女性の収入と自分自身の空間的な部屋を持つことと同時に，女性とフィクション（想像領域）への問いを残したことにもかかわることだろう．「わたし」という一人称が影のように，まるで現存する人物がないことによって成り立っていると感じていたことに通じ，それゆえにフィクション（想像領域）の比喩としての部屋の存在がある［Woolf 1992: 130: 邦訳 173]．ジェーン・オースティンやエミリー・ブロンテといった作家たちが，旅も，一人で町を歩くといったこともないような環境に置かれていたということと，その創作は完全なまでに一致していた［Woolf 1992: 88: 邦訳 103]，とするウルフは，明らかにもうひとつの空間を意識していた．

　ドリーン・マッシーは，アンソニー・ギデンズの「近代となって場所（place）から空間（space）が引き離された」という議論の展開から，社会関係の空間論的な組織化に即して，もう一度，空間と場所の統一を考え直す必要性を述べている．そこには，存在／非在，男性／女性といった二項対立的な西洋の思考様式が前提とされており，ジェンダー化される構築過程に沿った哲学的議論が要請される［Massy 1994: 5-7]．

　精神と身体，理性と感情，文化と自然といった慣れ親しんだ二項対立的様式は，マッシーもジェンダーの議論を進めるうえで土台としているが，フレデリック・ジェイムソンが超越と内在のあいだの組み合わせが，前者が時間性を，後者が空間性を含意するとしている点を敷衍し，空間はこういった対立様式の関係のなかで女性的なるものとして位置づけられているとする［Massy 1994: 255-58]．

　もちろん，ここにも本質主義的な意味での対立様式を認めてしまった時点で，歴史性や政治の働く場を制御してしまうという危惧が生まれる．空間は本来的に秩序によって制御されるものではなく，一寸先の見えない閃きを内包しているはずである．

　ヴァージニア・ウルフの『三ギニー』にある戦争報道写真を見るまなざしに

対してスーザン・ソンタグは画一的な写真の読み取り方に対する批判的論考を
展開するが，政治的言説と同様に人々に宿る記憶やイメージが，ジェンダーや
性的差異の表象との関係にあるという点はいまだ残されたままである．公的な
政治言説とは別に，個人に埋め込まれた記憶に働きかけるイメージや象徴性は，
歴史に抗するような自己を形成する．ウルフが公的言説における象徴的な盲目
さを問題にしたように，公的な歴史に抗するような記憶の働きを通じた女性の
自己形成のあり方は，近代主義的なフェミニストたちのなかに浸透していた
[Humm, 2003: 645-61].

　空間を捉えるうえで，垂直─水平の次元，高─低，開─閉や広─狭といった
対立項があるが，それぞれにまつわる象徴体系が，たとえば肉体から分離した
意識や地上に縛られた同一化，光の交差や空洞への憧憬，つかの間の流動，禁
欲や簡素といった心的要素，知覚やイメージを開花させる．イーフー・トゥア
ンが示した〈トポフィリア〉というある場所や環境への愛着が自然への畏怖や哀
悼といった想像領域と密接に関係しているということは[トゥアン 2008：215]，
前近代か近代か，ポスト近代かといった区切りが，場所への問いや場所の感覚
において錯綜していくことを表わしている．

　ある象徴様式は，経験をいっさい必要としない物の根源的な性質として超自
然的原理が横たわっているのか，それとも象徴様式としての言語が現象を媒介
し，主体的潜在性に限定されない物質的要素の様式となるのか．こういった問
いかけが性的差異と自己意識の交差のなかに深く内在すること．また身体的表
現を過度なまでの抽象化として捉えられているエヴァ・ヘッセの作品が差し出
すさらなる問いを次節から見いだしてみたい．

1‐人が見るフレームを覗く

　繊維ガラスや縄，紙粘土，アクリルや木材などを空間に広げ，ベージュか黄
色，茶系か黒の色合いで手がけるドイツ・ハンブルク生まれでアメリカに渡っ
たユダヤ人のアーティスト，エヴァ・ヘッセ（1936年生─1970年没）の作品があ
る．現代美術の流れのなかでは1960年代末から70年代初頭にかけてポスト・ミ
ニマリズムという潮流になり，抽象表現であるが物質が重力に逆らわない滑ら

かな流れを描く空間作品群となる．ヴァネッサ・コルビーは，ヘッセの作品に
フェミニンな創造性や娘としての女性的差異を読み解いているが［Corby 2010:
141-55］，乳房を思わせるような円形の反復や布の裾のような斜めに垂れ下がる
縄，透けた繊維ガラスが形作る不揃いなフォルムなど，センシュアリティを醸
し出す，完結というよりもルーズで開放された継続を彷彿とさせる．
　ヘッセの言辞で次のようなものがある．

　「バックはバック
　半球は半球
　筒は筒
　1　アートとは何であるか
　2　緊張と自由
　3　対抗する矛盾
　4　抽象の物体
　5　何かの象徴ではない
　6　分離されているが親しい個人的なもの[1]」

　ヘッセは，1936年に生まれてから二年後，姉とともにユダヤ系の子どもの虐
殺の危険のため，アムステルダムの叔父のところに行くように列車に乗せられ
た．だがそれも叶わず，カトリックのホームに入ったが，病気がちだったヘッ
セは姉と離れて病院に入れられたという．父と母はドイツの何処かで身を潜め
て暮らしていたが，その後子どもたちを連れようとアムステルダムに渡った．
しかしそこではうまくいかず，なんとかヘッセたちを連れてイギリスに渡った．
アムステルダムの叔父夫婦は強制収容所で最後を迎えたという．その後ヘッセ
たち家族は，父の従兄弟で貿易会社をしていた人を頼りながらニューヨークに
渡った．1939年の夏だったという．ニューヨークでも最初に棲んだ場所はナチ
の政党が目と鼻の先にいたところだったらしく，従兄弟が別の場所に住居を捜
してくれた．父はドイツでは弁護士であったが，アメリカに来てから保険ブ
ローカーの仕事をし始めようとしていた．母はアートの勉強をしていたが，つ
ねに身体の具合が悪く，入院と退院を繰り返していた．その頃のヘッセはある
恐れとともに夜を孤独に過ごしていたという．母はそこにいるようでまるでい

ないような状況だった．ヘッセが最後に母を見たのは精神病医とその妻ととも
に生活をしている様子だったが，その医者は母に離婚をするように勧め，彼女
と恋に落ちたという．その後父はヘッセと同じエヴァという名前の女性と再婚
したが，ヘッセは彼女をビッチ（bitch）と呼び，嫌っていた．こうしたことを
語ったシンディ・ナムゼとのインタビューでヘッセはすでに発病していたが，
奇妙なことに継母もヘッセが入院する日のちょうど二年前に同じ病気で同じ名
前で同じ医者にかかっていたという．姉は健康的だったようだが，父も15年以
上も心臓を患い，ヘッセの生活でノーマルだと呼べるものは無かったという．
また，父とは静かながらかなり近い間柄であり，毎夜ベッドサイドに来て「私
たちは貧しくはならないから，誰も捕まえには来ないから」と呪文のように唱
えていたという．ヘッセは家ではいつも怯えて落ち着く場はなかったと述べる
[Namser 2002: 1-2]．

　ヘッセは，脳腫瘍にて34歳で亡くなる年（1970年）にシンディ・ナムザに次
のように語っていた．

　　　「作成しているときには，材質や様式，それはどのような大きさか，広
　　さをもつか，どのような位置取りをするか，天井からどう吊るすか，床に
　　どのように置くかといった抽象的な性質のものと格闘しています．しかし，
　　私はこうした抽象的で美的な点に関するイメージの全体性に重きを置いて
　　はいないのです．むしろ全体的イメージとは，私と人生に関係するものな
　　のです」[Namser 2002: 6]．

　こうしたヘッセの志向は，象徴性の謎解きを含め，シュルレアリストか心理
的抽象表現家だといった公的範疇に入れ込まれることに対してもあるためらい
を示していた．

　1960年代のミニマリズムの批評には，表現主義を抑える性質のある「写実
的」な問題がヘッセの作品にも通低しているというものもある．たとえば，ヒ
ルトン・クレイマーの「エキセントリック抽象主義」に関する批評には，ヘッ
セの作品は隠喩的要素の代わりに「写実主義」の一般的な傾向によって構成さ
れているというものがある [Fer 2002: 75]．

　1960年代のニューヨークのアートシーンでは，こうしたミニマリズムほか急

激に公的言説によって認知された表現方法，概念が登場する．ヘッセも，同じユダヤ系で強制収容所の記憶を喚起させるカール・アンドレや友人として交流が深かったソル・ルウィットといった空間アーティスト，プロセス・アートというカテゴリーにも入るヨーゼフ・ボイス，リチャード・セラ，ロバート・モリス，ドナルド・ジャッドといったミニマリズムの作品を作った人々と同時代の空気を感じて走っていたとも言えるだろう．またイタリアの貧しい芸術という意味であるアルテ・ポーヴェラの作品群とも類比され，ヘッセの繊維ガラスやラテックスという柔らかな素材がそれ自体の不安定性と素材同士の相互作用によって日常が異化される様とも捉えられるとされている．

　こうしたなか，ロバート・ピンカス＝ウィッテンは1971年11月の『アート・フォーラム』誌において，ヘッセの「ハングアップ（宙吊り）」という作品を通じた「エヴァ・ヘッセ——崇高さへのポスト・ミニマリズム」という批評をし，ポスト・ミニマリズムと名づけた［Pincus-Witten 1971］．ヘッセは空間に迫り出す様相から単純化された形式と見られる向きもあるが，より装飾的で絵画的なアプローチでもある．素材（マテリアル）との格闘によってそれを扱うなかで出口を見つけるというよりも，線描（ドローイング）に帰着し，そこから色彩や形，スケールや奥行きを決めていくという意味合いが強い．

　ここで取り上げられている「ハングアップ（宙吊り）」は，元夫で彫刻家のトム・ドイルとのヨーロッパでの製作から，アメリカに帰国してすぐに作られたもので，1966年のグラハム・ギャラリーでの「抽象の膨張／塞がれた表現主義」展において発表され，ヘッセのその後の空間アートへの移行を表す作品であった．

　大きめの約2メートル四方の長方形で，コードによって包帯のようにぐるぐる巻きになった額縁があり，鋼鉄のチューブにアクリルを塗ったロープのようなものが対角線上に空間に垂れ下がっている．ここに至るまではかちっとした描線をイメージしていたが，固定しないで垂れ下がるようにしたという．ヘッセがよく口にする愚かさ（absurdity）や極端な感情（extreme feeling）が結実した，ナイーブで観念的な作品だという．

　フェミニズム・アートの立場からも，空間を区切るがイメージを描出しない，予想外の対立と組み合わせによって誇張があり，実存主義からの移行で不条理

や不安や葛藤の充満を多義的に表している，という批評がある．ここでは，ヘッセは作者の痕跡を間接的に残すだけで，女を見えない未知の存在にしている，という［パーカー・ポロック 1992：234–40］．

　つまり，さまざまなインタビューによるヘッセの発言や，ルーシー・リパードによる最初のヘッセの体系的な研究のなかにおいても，ヘッセの心的傾向は古典的フロイト主義で解説しうるもので，性差と女の主体性を問いかけていたのである[3]．また，ヘッセは前衛芸術や前衛アーティストのモダニスト的諸制度に対しても，特に挑戦を考えたわけではなく，その内側に入り込み，異質な意味を作り出していたとしている．彼女は神話や伝説に頼らず，完全に抽象的なかたちで女を扱っており，女の本質は見当たらないが，すでにあるものとは別の新しく積極的な何かを作り出すことではなく，社会的に承認された意味を打破することで，多数の可能性を持つ異質な新しい空間を創り出している．

　ここで戻らなければならないことは，エドモンド・バークが論じるところの「崇高さ」がヘッセの「ハングアップ（宙吊り）」やその他の作品に対する言辞として合っているのか，またそれが，ヘッセは確かにシモーヌ・ド・ボーボワールの『第二の性』を読んでいるが，女性の主体性というフェミニズムのテーマを深化させるのか，それとも空間に迫り出すという意味の追究は写実主義とのかかわりにおいて主体性という問題系にのみ囲われていくのだろうか，という問いかけを，同時代のポップという文化概念との対比で浮き彫りにするという点である．ポップは大量消費の時代背景を表すとともに，ダダイズムやシュルレアリスムの反因習の図示にも近似している．アンディ・ウォーホールが「ラヴェンダーの悲劇」とヘッセについて述べた点は，ヘッセの死後すぐに女性の運動がニューヨークやアメリカ各地で起こった時代的背景にもつながるかもしれない．

　ヘッセの作品に特徴的に見られる点としてソフト・スカルプチュアがあるが，1965年の「リングアラウンド・アロウージー（Ringaround Arosie）」や「イシュタール（Ishtar）」，「長き人生（Long Life）」や，1967年の「図式（schema）」や「その続き（sequel）」にそのまま現出しているサークル（circle），つまり円形や軌道，循環，丸みや曲線といったモチーフは，時間の要素としてヘッセ自身によって捉えられている．神人擬人論でも幾何学でもなく，ましてや性的ほのめ

かしでもなく，かなり抽象的なかたちとしてヘッセは振り返っている．象徴性や幾何学理論において胸の形や，生命，永遠性を示唆していることは鑑賞者側からも批評としても読み取れるだろう．しかしヘッセがそこに託している無意識の領域，そして中庸やノーマルや中心といった場所ではなくいつも極端さ（extremes）を見いだしているのだというひとつのモチーフには，秩序とカオス，繊維と固まり，巨大さと縮小といった，相反する要素の形式的な矛盾が表れている［Namser 2002 : 9］．

　香川檀はドイツの1980年代や90年代にかけての立体作品や空間インスタレーションにおいて，記憶の想起にアートの主眼が置かれているとし，そこには第二次世界大戦下のヨーロッパにおけるナチスによるユダヤ人大量虐殺（ホロコースト）についての歴史意識が，水面に浮上した想起の文化として語られているとする．想起のイメージ媒体として具象の絵画や彫刻ではなく，写真やインスタレーションが，たんに美術の様式上の問題というだけではなく，像と空間や場所のもつ本質的変化に起因し，可視像そのものへの根本的な懐疑を伴っており，ホロコーストという「語りえないもの」をめぐる表象不可能性を述べている［香川 2012 : 36］．

　香川はソル・ルウィットの「ブラック・フォーム」（1987）という黒い直方体の抽象彫刻の記念碑が持つ，ユダヤ人不在の視覚的メタファーに対し，それ自体で特定の歴史事象を指し示さないミニマルな幾何学的フォルムが，場所を移動して成立し得ていることについて，参照事項がない自己言及性が場所の喪失と連動しながら逆説的にモダニズムの普遍性を保証し，ユダヤ人をひとくくりにして抽象的な集合体にしてしまうことへの危惧を抱いている［香川 2012 : 36］．

　ではヘッセの立体作品にも表象されていると見られるホロコーストの記憶は，過度な抽象性によってモダニズム様式に掠め取られてしまい，固有の記憶の徴づけなき忘却の彼方に至ってしまうのであろうか．

2 - リアルを感じる

　ヘッセが「ハングアップ（宙吊り）」（1966）から「愚かさ（absurdity）」と「極端な感情（extreme feeling）」のアイディアが浮かんだと述べるように，この作

品はひとつの分岐点に位置している．フレームが明るさから暗さまでグラデーションを醸し出すような色合いであり，その額縁の中の空虚と相まって，ゆったりと垂れ下がったロープが二次元と三次元の空間の緊張を示している．それは画像の無い像が，その表面から描かれたラインに沿って現実の空間に逃走しているという［Lippard 1976: 56］．

　　「私の（構成やかたちの美的様式についての）観念は，今まで学び，教わったすべてのものごとについて反作用し，より異なったものを探そうとしています．もし何かが愚かであったのなら，それはよりもっと誇張され，愚かであればあるほど反復されます」［Kraus 2002: 49］.

　実際に，ヘッセは愚かさの反復を引き受けていると自称し，格子柄や連続性の拡張，体系的進行といった算術的，非人称的決まりごとのあるミニマリズムの投影を改作し，川のせせらぎやのどを鳴らす音，遊戯の情感によって受け止められたような始まりの世界の混交の（分裂した）主体性を示しているという［Kraus 2002: 49］.

　何よりも，ヘッセは三次元作品に移行するまでの線画の期間において，数々の試みを行ない，「機械の素描（machine drawings）」と呼ばれるに至る工場の部品の組み合わせと体内の有機的構成が入り混じったようなナンセンスだが明らかにハードな意思を持った作品群を生み出している．こうした営みが，夫とのヨーロッパでの製作生活のあいだにおいて行なわれていたことも見逃してはならない．またヘッセの家族関係に投影された影の部分をオイディプスの三角形による心的編成として捉えるすべよりも，子どもが幼い頃から欲望の諸対象や諸機械とのあいだに結んだ家族的ではない関係の総体を持っている［ドゥルーズ・ガタリ 2006: 93］というアンチ・オイディプスの視点によってこそ，こうした機械の描画の流れにつながるだろう．

　こうした傾向に引き続き，単独の興味に惹かれた強迫的反復を表現している，とドナルド・ジャッドによって称される草間弥生は，欲動のパラノイア的反復によって捉えられている．これは，草間弥生の同時期の作品との対比によって指摘される［Judd 1965］．女性の主体性が置かれた「部分対象としてのアートの対象」の取り方として，何千ものマカロニを食べ，コーヒーを飲む強迫的消

費がコンベヤーベルトに乗って進んでいる様を引き合いに出している．大量生産と消費のサイクルのなかで，無限に続く強迫的行為の先取りを過度な自動機械と見るアンディ・ウォーホールのマントラを響かせながら，モダンアートのファロセントリズム（男根中心主義）をあえて男性性のパフォーマンスをすることで，家父長制の幻想として乗り越えようとしているという［Nixon 2002: 202］．

　そもそも，ミニマリズムやポップの置かれたモダンアートの脈絡には，一点限りのアウラを纏った手作業のもの造りの美的感覚とは異なり，既成の製品の配置や見せ方による観念的な論争を引き起こすレディメイドの捉え方が敷かれている．ハル・フォスターがヘッセの「ハングアップ（宙吊り）」をも念頭に置きながらミニマリズムを論じるには，絵画でも彫刻でもない，むしろこうした直線的な歴史をいくらか解きほぐすような，慣習的・伝統的な限界を文字通りのフレーム（枠組み）として乗り越える可能性を，対象の創造によって行なうというものだった．そこには，幻影と意図のあいだの明確な推測があり，ミニマリズムの現象学的な説明として，時間と空間が裂けがたく結びついていた．たとえば，現象学的な見方がデカルトの「我，思う」の理想主義を切り崩す面があるとともに，ミニマリズムも抽象表現主義者の「我，表現する」の実存性を切り崩すのだが，どちらも「我，感ずる」に置き換えられ，意味を主体に埋め込むままにさせておくという．ハル・フォスターは，あくまでも，意味するところのものの構成的な分析を行なうものであるとする．

　それはまた，ミニマリズムにおいて単一で相称的な対象の現前による，身体への新たな関心が生まれたことにもよる．現前の暗示することには，新たな知覚（perception）と主体の関係が喚起される可能性がある．ただ，そこには問題もあり，ミニマリズムが知覚（perception）を現象学的用語で見いだすのは，いわば歴史や言語やセクシュアリティや権力の前か外側であるということである．つまり，それはギャラリーや美術館をイデオロギー装置としてみなすほどには，主体を象徴秩序に位置づけられた性化した身体とみなすことはない［Foster 1996: 35-68］．

　ヘッセには「心拍性無秩序（Metronomic Irregularity)」（1966）という3バージョンの作品群と，「ライトアフター（Right After）」という綱に繊維ガラスがかぶさった作品があり，どちらもジャクソン・ポロックのドリップ・ペイン

ティングの影響を受け，それを三次元の手段によって為したものだという評がある．ここに，有機的編成が崇高さに至った面を見いだすのか，それとも象徴や身体の部分としての形がないままの身体性を含意するのか，といった問いかけが備えられる．

　「心拍性無秩序（Metronomic Irregularity）」は，「有機的（organic）」という形容をされ，ミニマリズムそれ自体のなかである傾向を劇化しているものである．「象徴的（symbolic）」でありながら，そのような「象徴的（symbolic）」な形による抵抗を表している．特に，精神分析において象徴秩序を通じて喪失（loss）と捉えられるエコノミーは，ヘッセの物質性のなかでどのように表されているのだろうか，あるいは表されてはいないのだろうか．

　ソル・ルウィットやカール・アンドレなどが描くハードな表面の「男性性（masculine）」に対してヘッセの作品には「女性性（feminine）」の様相が指摘される．しかしヘッセが用いる電気メッキの鋼鉄やアルミニウムや他の製造材などの素材そのものはハードな外面があるが，それ自体では精力的な男らしさといった象徴とはならない．ブライオニー・フィアによると，図像の象徴としての形や素材は，直接にそこにはない実体の或る主体に行き着くという．ヘッセは，「ライトアフター（Right After）」について「たいしたことはない（big nothing）」という感覚を表していることを好んでいたそうだが，身体の含意が純粋な否定性に向かうのではなく，ある種の余白（blankness）を示しているとも言えるだろう［Fer 2002: 57-74］．

　こうした余白（blankness）は，文字通りにフレーム（額縁）から境界を伝って迫り出した「ハングアップ（宙吊り）」にも表されるが，「心拍性無秩序（Metronomic Irregularity）Ⅱ」では，塗装した木板とそのあいだの変容した空間があり，そこには垂直に掛けられ，綿で覆われたワイヤーが波打っている．こうした水平や垂直，置換や余白といった空間概念はどのように考えたらよいのだろうか．

　対馬美千子はヘッセの数々の立体作品を，「数え切れないほどに可動する境界線の束」という言辞に近いものとして示している．「心拍性無秩序（Metronomic Irregularity）」の三作品も無数に絡まりあった線描は，過度なまでのコミュニケーションを創出し，「エリア（area）」（1968）や「増大（augment）」（1968）といったラテックスが素材の敷布らしき物体が包み込まれたり，ほどか

れたり，重なり合わされたりが反復されてかたちづくられている境界線の可動を表す作品へとつながっているという．やはりヘッセ自身が「不条理／愚かさ（absurdity）」と呼ぶものにも言及し，極端に相反するものや矛盾する現象が同時に存在していることに，この境界を類比させている［Tsushima 2003: 25］．

「エリア（area）」は，まさに敷布が壁に対して座っているようであり，7枚のユニットがその前の床に伸びており，滑稽ではあるがゆったりと心地よい様を示している．壁，カーテン，窓，扉，天窓，スカートといった空間を区切りながら包み込むような三次元の境界は，対馬の言辞によると，境界それ自体が曖昧さを含みこみ，現れたと思うと消滅し，形づくられたら溶解し，まるで裏切りのごとくみせかけや暴露を含みこむものでもあるという．

ヘッセが「ハングアップ（宙吊り）」と「心拍性無秩序（Metronomic Irregularity）」を完成させて「エキセントリックな抽象」展に臨むあいだの1966年の夏の時期，長年患っていた父が亡くなった．そこには10歳で母を失ったヘッセの複雑な個人史が幾重にもこだましているとも言えるだろう．現実の喪失と哀悼が作品に投影されているとはうかがい知ることはできないが，余白（blankness）の比喩には，不可視性と欠如（lack）というメラニー・クラインやジュリア・クリスティヴァが論じたところによる，少年の去勢不安に類似した女児の母の身体の棄却というある意味での崇高さに近似するサディスティックな欲望を退け，こうした象徴秩序の言語構造に対峙し，償う意味の空間が広げられているといえよう［クライン 1997: 246-250, 277-285；クリスティヴァ 1991: 154-173］．

3‐非物質性の空間

空間とは建物や置かれた物の隅や隙間を表わすのか，それとも空間自体が建物などを包み込むのか，といった問いを投げかける小栗沙弥子の作品がある．グラシン紙という一種の方眼紙である薄く透明に近い紙から成り立つ，注意深く見なければ見落としてしまうような四角が組み合わされた薄いピンク色の立体作品．いやむしろ普段いかに眼を向けていないのか，ということに気づかされるような場所にたたずんでおり，これは何かと思わず聞きたくなってしまうと言ったほうがよいだろう．この展示は，昔の体育館だった場所が公共施設に

なったため，ステージらしき前面の片隅にある高い場所の隙間など，誰も気づ
かないようなところにあった．

　ガストン・バシュラールは次のように述べる．「家のすべての片隅，部屋の
すべての角，われわれが身をひそめ，からだをちぢめたていたいとねがう一切
の奥まった片隅の空間は，想像力にとってはひとつの孤独であり，すなわち部
屋の胚種，家の胚種である」［バシュラール 2002：240］．木に掛けられた巣のよ
うな空気を感じるものであれ，軟体動物のように石のなかにかたくはめ込まれ
た生命体の象徴であれ，空想的な内密や粗野な内密を探索するということにバ
シュラールは巣や貝殻を示しているのだが，ここで片隅が孤独というのは，
まったくの肉体的な自己への収縮はすでに拒絶のしるしがあるからだという．
生きられる片隅は生を拒絶し，生を抑制し，生を隠す．片隅において人は自分
に語りかけたりせず，沈思黙考の姿勢を思い出す場所となり，一種の避難所の
面影があるという．

　日本画から版画へと制作を移り変わりながら，大きさや画材などの平面の制
限に不自由さを感じ，無規定で曖昧な空間に広がりを求めていったという．空
間にはその代わりに，吊り下げるといった動作や，モノを建てるといった作業
が伴い，必然的に重力との関係を意識せざるを得ない．こうした空間への始ま
りには，家の平面図をベースにして紙で空間に家を建てるということがあった
という．

　私たちが普段しているものの捉え方や考え方は二次元に基づいている．図面
も文章も，写真も映像も，一次的なフレームワークは平面の次元に基づき，意
識のあり様を規定している．しかし，同時に三次元との交差を経験していると
も言うことができる．

　また小栗の作品には，身の回りにあるようなもの，道で拾ったもの，ホーム
センターで仕入れたもの，友人のメモなど生活圏内にある材料が使われている．
特にガムなどは，道端に落ちており，落とされて踏まれたりして決して意図的
に仕立て上げられた形はしていない，捨てられるものの代表とも言うべきもの
だ．こうしたナチュラルなかたちであるものをそのまま作品にすることで
フォーマルなものとする．ガムを包む銀の包装紙を敷き詰めた作品も，壁と見
まがうようにさりげない．

　2010年のあいちトリエンナーレにおいて小栗は，名古屋市の長者町界隈の古い商店の家屋のなかで探し出した絵葉書の額をそのまま使用したり，窓のそばに吸い付くようなかたちで紙類がふくらみを持つような作品があったり，決してその場の空間を変わらせるのではなくそこにあるものを生かすようにしていた．まるで紙やテープなどがその場の形になった時の「くしゃっ」という音や質感を伴いながら静謐な時間の流れの中で生き続けているように，生息していることが分かる作品群である．

　このように小栗の作品によって私たちは三次元に広がりを持ち，二次元にまた戻ってくる過程をスローモーションで垣間見ることができるようだ．実際に2004年に岐阜駅でおこなったインスタレーションは，より直接的に三次元でのセッションであったと言うことができるだろう．小栗はギャラリーでの展示でも観客が持って帰ることが自由なフリーペーパーを置いているが，岐阜駅でも実際のフリーペーパーを置くボックスに彼女の作品のフリーペーパーが置かれていた．街の中では商業目的や営利目的のフリーペーパーであるが，持って帰る人は情報を得た後はその紙を捨てることが予想されている．小栗の作品のフリーペーパーは全て彼女自身の個人的な写真や文面でできており，駅のような不特定の大多数のなかでそのような個人をどのように誰が見つけ出すのだろうか．またそのボックスの横に立てかけておいた「探してください」という手書きの看板が物議をかもす．近辺にある交番に「誰を探すのか？」という多数の問い合わせが来たため，看板を別の場所へ移すことになった．「ご自由におとりください」という看板にしなかったことも関係しているかもしれないが，むしろ個人の行為の判断に文字による情報がいかにかかわっているかを示しているようだ．フリーペーパー自体の減り具合は少なかったと小栗は述べているが，そこで持っていった人はどのようにそのフリーペーパーと向き合ったのだろうか．もしかしたらコレクションのひとつにしている人もいるかもしれない．

　ちょうど多くのアーティストが限られた時間と空間内でその場で自分自身が媒体となって参加者や子どもが作品を作る過程を示すワークショップをおこなうことあるが，作者自身の主張という意味合いは薄れ，小栗の述べる言葉によると，「自然」と「無意識」の手という三次元の延長とつながりが濃い．

　環境を考えるときに，自然の保全や自然エネルギーの活用，また自然環境に出

でて地域の景観とのかかわりでアートを行なうというある意味において機能
的・実用的なアプローチからなかなか逃れることはできない．そのときに，小
栗の作品ほど「身をひそめる」という存在の経験を喚起されるものはないと思
うが，先ほどのバシュラールの「片隅」の思考にあるごとく，孤独の事物を思
い起こすという空間の夢想こそがまさにエコロジカルな思考でもあるのではな
いか．

　空間の比喩がトニ・モリスンのようなフェミニストの書き物に散りばめられ
ているということは，存在の空間がそのまま一人称の自己という問いにつなが
り，これは決して自己に閉じこもる人間のコギトではなく，出現のコギトとな
る．バシュラールの想像力の「ミニアチュール」も，内外の展望の逆転や，つ
かの間の逆転，人を魅了する逆転などが空間にあふれ出す．小さな紙の家が，
幼年時代へと連れ戻し，拡大鏡によって植物の細部に入り込める．これは，対
立の弁証法の論理的法則によるのではなく，一切の大小の拘束からの解放であ
り，世界をまったく新奇なものとして捉えるという［バシュラール 2002：262-70］．

　ヘッセの作品には，「いくつか（Several）」（1965）や「長き人生（long life）」
（1965），「イシュタール（Ishtar）」（1965），「インジミネイト（Inginimate）」（1965）
や「トータルゼロ（total zero）」（1966）といったいくらかの性的合意があるゆえ
に，その大きさや形相によって滑稽な印象を生むものがある．その多くが，
ヘッセが素材としてその時期に精巧に用いるようになった自家製の紙粘土など
でできており，ソーセージやブーメラン，瓢箪や括られたペニスなどと形容さ
れる．どれも持ち抱えるほどのヘッセと等身大の大きさのため，かえっておか
しみが引き出されている．なかでも「インジミネイト（Inginimate）」は，二つ
のソーセージに似た形にエナメルが吹きかけられ，縄が巻かれた黒い様相であ
り，それぞれが医療用の黒いゴムのホースでつながって縄跳びの縄のようであ
る．このユーモアは機械の素描に緊密な関係があり，極度に切り詰められたこ
うした形が予想外の展開を生んだ．インジミネイト（Inginimate）とは，受精
（inseminate），散布（disseminate），発芽（germinate）をもじった意味に深みのあ
る名称となっており，植物的比喩とともにディアスポラというユダヤ人離散の
含意も読み取ることもできるであろう．

　さらに，この作品にはミッシェル・カルージュの『独身者の機械』［カルー

ジュ 1991：35-67] のなかで描かれるマルシェル・デュシャンの機械装置のガラス作品やフランツ・カフカの『変身』の投影として，性，刑罰，罪，病理学，スポーツ，美術，演劇，未来予測といった一連の視座のなかで貫かれる一種の神話の屈折へのユーモアを交えたひとつの応答としても見ることができる．香川檀はファシズムの過去を表象するときの欲望のあり方として，この「独身者の機械」を対象関係の心理的トポスとする．それを兵士的男たちの「身体甲冑」と読み解き，亡霊的権力への審美的接近として人間を捨象した大きな物語への偏愛があるとしている．その対極として身近なものを採集し，痕跡を保とうとする人類学のフィールドワーク的作業のあるアートをも見ている［香川2012：189-200].

　またヘッセには，発病した年に壊してしまった「長き人生（long life)」という作品がある．掃除機か，もしくは恐竜か，はたまた地球かという印象を持たれる作品であるが，大きなビーチボールにぴっちりとコードが巻きつけられ，その天頂からこれもコードが巻きつけられたホースがだらりと床に垂れ下がりながら壁まで続いている．球は黒色であり，ホースは黒から薄い灰色のグラデーションとなっている．そのホースがへその緒のように見えてしまうところが題名とあいまって想像が膨らむが，身体のエゴというよりも，新しいセクシュアリティという意味にもとれるだろう．

4・自己とイメージの物質性 ——愚かさに宿る夢——

　ヘッセには愚かさ（absurdity）の反復というモチーフがあり，大胆に同じような形が繰り返される．「増加（accession)」(1967) は，さまざまな大きさの5つのバージョンになる箱型の作品である．アルミニウムの格子状の立方体の網目には，内側に向かって細いゴムのホースが幾千にも突き出している．この網目はすべてがこのホースによってふさがっており，ひっそりとした外からは一見して編みこみが為されているようだが，隠された内側はそのホースがところ狭しと生えていることに驚嘆する．これは，ニューヨークのダウンタウンのメタル工場でそこの作業員と楽しみながら作ったものであり，3万670もの穴にビニルホースを通して完成させたという．

　この作品がミルウォーキーアートセンターやシカゴ現代美術館で展示された時に，人々は「オプション」と称してなかに入ったり，壊したりしたという．「増加（accession）」とは，何かを付け加えることでより増していくという意味で，内側と外側との対比が鮮明に浮き出た，ヘッセによると輝きのある大切な作品と述べているものでもある．このように触れてみたいと思う質感と覗き込むような視覚には，不気味さと面白さの両方がかき立てられるようだ．実際にヘッセは意地悪女の視点（cat's eyes）で作ったという．

　1967年の夏はヘッセにとってこれまでの古い考え方と最近の傷跡（離婚と父が亡くなったこと）から解放を試みた重要な時期であり，長かった髪をかなり短いショートカットにして新鮮なイメージを醸し出した．またニューヨークの小さなロフトで生活と作業をしていたことも，ヘッセの精神の風景を見るについて安定をもたらした面があるのだろう［Lippard 1976: 102-105］．

　この1967年の夏から取り組んだ作品に，「19の反復（Repetition Nineteen）」の3バージョンがある．彼女は，ガスについて何か試してみたいとしてホースが出ているバケツの素描をし始めていた．四角いバケツや丸いバケツやゴムのホースで幾度も試作品を作り出していたが，より薄い素材で背が高くなった19個の円筒をランダムに並べることにした．

　ヘッセの背景を鑑みると，「19の反復（Repetition Nineteen）」においてガスを何とかしたいという着想から来ているのは，強制収容所のガス室のイメージが投影されているのかもしれない．まず1967年の秋の第一の作品は，アルミの板の上に粘土と接着剤とポリエチレン製の樹脂で形作られた細長くクリーム色の19個のバケツだった．ゴムのホースはすでに消えていた．「この可能性は限りない」とヘッセが述べているように，その後は色彩と透明度を変化させようとしていた．こうして「19の反復（Repetition Nineteen）」は，メタルや乳化ゴムを試してみながら，そのコンセプトと色においてあった柔らかさ（softness）を保つために，繊維ガラスに行き着いたのだった．素材の薄い黄ばんだ透明なガラスは，窪んだ円柱となり，それぞれに不揃いのまま配列されている．まるで整列した子どもか，囚人か，植生した若木か，個々がそれぞれに息づいている．光の加減によって揺れ映る影が，ガス室によって亡くなった人々の魂の浄化を思わせる［Lippard 1976: 106-111］．

　「偶発性（contingent）」（1969）は，1970年の５月に「アートフォーラム」とい
う美術雑誌の表紙を飾ったため，一躍ヘッセの名を知らしめた作品である．ロ
ザリンド・クラウスによると，1960年代の美術界のフォルマリズムの言説のな
かに，物質の素材そのものの表現によって挑んだという［Kraus 2002: 28］.[4)]

　1968年の11月に着手したが，素描やスケッチや思索をしながら，ガーゼの布
の上下に繊維ガラスをつなげて天井から吊るすという発想が生まれた．無秩序
だが，威圧的ではない，むしろ無口なたたずまいを表しているという．作成途
中のヘッセのメモを見ると［Lippard 1976: 165］，発病して入院を繰り返しなが
ら，教えていた美術学校の生徒や友人や助手を志願してくれた人たちの助けを
借りながら，何か流れのあるもの，近づいているもの，遠くにあるもの，空気
を含んだ繊細で壊れやすいものを着想している．まるで洗濯物が風に揺れてい
る様を想像するごとく，８枚の繊維ガラスとガーゼ布がその形や生地の薄黄色
の変化によって波を描くように見える．

　むせ返るような増殖や反復によって窒息しそうになっている現代社会の様相
にとって，この「19の反復（Repetition Nineteen）」と「偶発性（contingent）」の
二作品は，風を通し，揺らぎのある静謐さのなかに不可視のものを想像するす
べを教えてくれているようである．

お わ り に

　2009年の５月から2011年２月までパリのポンピドゥーセンターで開催された
『彼女たち＠ポンピドゥーセンター』展では，200人以上の女性アーティストの
約500点が展示され，もちろんのこと「フェミニン」には決して限定はされず，
女性というカテゴリーをも疑問に附す作品が多く並び，そこでは草間弥生の作
品の隣にエヴァ・ヘッセの「無題 Untitled（７つの柱 Seven Poles）」（1970）とい
う亡くなる直前に作成していた最後の作品が展示されていた．アルミのワイ
ヤーで土台を作りながら，樹脂と繊維ガラスとポリエチレンで固め，二メート
ル半ほどすっくと空へ伸びていく毛虫か芋虫のような様相である．

　機械の素描を繰り返すことで空間に迫り出す手法を見つけ，マテリアル（素
材）のなかに色彩やセンシュアリティや質感や容形を見いだしたヘッセの行き

着いた先は，別の身体になることだったのではないか.

　崇高さが，苦と危険の観念を生み出すもの，何らかの意味で恐ろしさを与えるもの，もしくは恐るべき対象物とかかわりあって恐怖に類似した仕方で作用し，それゆえに心が感じうる最も強力な情緒を生み出すものによるとしたら［バーク 1999：43］，ヘッセの作品群は，空間を威圧したり制圧したりする類のものではなく，むしろ空間に流れを作り，懐かしい色合いが遠近を醸し出し，緻密さが空気のなかで揺れている，生々しくはない静止のなかに動きがあるような，崇高さを通じて生み出した新しい世界なのではないだろうか. またそこここに散りばめられているウィットに富んだいくつかの仕掛けは，相手を貶めようとしてしっぺ返しをくらった類のものではなく，楽しみながらヘッセの世界に参加しうる，暖かさが滲み出る手探りでの呼びかけであろう.

　空間とは，自己をフィクション化することでアイデンティティを固定せずに開いていく場を可能にする. それは，強迫的なまでの痕跡の可視化追及に対し，目に見えないものとの交信をも可能にする. ヘッセの「偶発性（contingent）」に注がれる眼差しが，親近の距離において他者の訪れを感じさせるのなら，「意識化」とは別の次元の「いまここ」における他者との邂逅の実現である. 二次元では一方的な発信か，情報収集といったかたちのみだったために出遭い損ねていたのであるなら，三次元では相当な限り，自己認識やみずからがコントロール不可能な記憶とともに，脱自的な主体にならない限り他者には出遭えないということを思い知らされるだろう.

　現実から引用されてきた物質は，そのコンテクストを変化させることで新たな意味を生み出し，空間を変容する. その仕掛けに限りない想像力を膨らませることは，差異を邂逅として見いだすひとつの道筋になるに違いない.

注
1） Women Artists, elles@centrepompidou, p. 149.
2） 「エクセントリック抽象主義」とは，ルーシー・リパードが1966年秋に企画したフィシュバッハギャラリーの展覧会の名称から来ている. その後のポストミニマリズム，プロセスアートやアンチフォームの流れを導く企画だった.
3） リパードは，ヘッセが夫との関係のなかで古典的な女性の不満を抱えていたとしている［Lippard 1976：24-25］. ヘッセは，夫との別れと父の死という最悪と思われる状況

が幸福を運んでくれたと語っている［Namser 2002: 1-3］.

4) フォルマリズムは，クレメント・グリーンバーグという同時代の批評家の強い影響力のもと，芸術の自律性という概念，線描，色彩，質感などの統一性を一定の形式として重んじる傾向がある.

第5章 フラジリティ（感性）の表象的次元

1 - 性的差異と普遍的なもの

本章では，性的差異を通じた言語構成や身体構成が，どのように政治的解放や政治状況とつながるのか，ということを一貫して描く．エンパワーメントをその延長線上で思考することの意味もここにある．そのために，今一度，新しい対抗政治への対話としての性的差異にかかわる議論を見ていきたい．そして何よりも，性的差異が，階級などの闘争の外側に位置づけられる点に注目する．

スラヴォイ・ジジェクが，ラクラウとバトラーに対してヘゲモニーの問題を十分に歴史化していないと述べるとき，そこにはもう一方で，構成的な欠如である主体，欠如であるがゆえにヘゲモニー闘争の可能性の条件となっている，という点が示され，心的過程と社会的領域とのなかの「過剰さ」という捉え方として，またあらゆる主体は〈予めの排除〉の条件のもとに出現するという述べ方につながっている．つまり，ジジェクにおいては〈予めの排除〉ゆえに欠如主体が想定されている，ということである．

これに対し，バトラーは，起源のトラウマというきわめて理論的な公準の前提には，親族関係と社会性を構造主義的に解釈する理論があるとし，ジジェクの理論の一時的条件をなすような，理念的親族関係と象徴的共同体と社会契約が等価である点は，社会学や文化人類学などで異を唱えられ，また後期近代社会の新しい家族形成には徐々に合わなくなってきているのではと述べている．彼によれば，たとえジジェクが，性的差異はトラウマ的で象徴不可能であるからこそ，その意味をめぐる具体的な闘争を起動させるのだと述べたところで，性的差異は，そのもっとも基盤的な側面において，ヘゲモニーを求める闘争の外側に位置することになる，という[1)]．

主体形成を開始させるその状況は，心的／内的トラウマが象徴的共同体と結

びつき，それゆえにあらかじめの排除のもと，構成的な欠如という主体を作り上げるという．性的差異はその象徴性のもとで欠如と表象される．

　他の闘争，つまり「階級」や「国家」が基盤的でトラウマ的な差異であると同時に，具体的で偶発的な歴史的アイデンティティでもあるということはなく，それらは基盤的な欠如によって始まる象徴界の地平の内側にあらわれるのであり，性的差異の場合とは異なって，それらを基盤的欠如と呼ぼうと思う人はいないだろう，とバトラーは述べる[2]．

　つねに，すでに欠如という表象のもとにある性的差異は，それにもかかわらず価値づけられながら，社会性以前のものとされ，形式的構造に据え置かれる．

　こうした性的差異の位置どりは，いくつかの位相に分けられる．第一に，性的差異に一時的価値を与えるのに賛同するフェミニストがおり，もっとも初めの性的差異は他の差異よりも基盤的とされる．第二に，ジジェクの象徴秩序に特有とされる「理念性」の領域においても，構造的な特質があり，そこでは性的差異は起源において象徴化不可能だとするものである．この二者はどちらも，前―社会的で表現不可能な性的差異があり，その基盤的レベルにおいては形式的，もしくは空虚な構造である，とされる．

　こうした性的差異の特異性に対し，差異自体を普遍性のもとに考え直してみる仕方を，ラクラフとバトラーに基づいて見てみたい．

　ラクラフは，「差異」の概念を実定的な同一性とし，政治空間の敵対的な再編はすべて，等価性というカテゴリーに結び付いているとする．差異の論理は，社会の範囲内で個々のものの位置を定めるが，等価性の論理は，ある個別性を，他の無数の個別性と置き換え可能なものとして「普遍化する」．ポピュリズムの言説では，社会空間は二つの統辞的立場を軸に二分化されており，二つのアイデンティティを混ぜ合わせてしまうと，両者は互いに置き換えられる等価関係となって差異は弱まることになる．一方で，制度的言説は，差異的―統辞的立場をいくつも増やし，その結果，ある社会編成のなかで可能な等価化の動きをごくちっぽけなものにしてしまう[3]．

　「等価性」という論理に対し，バトラーが示す概念は「文化翻訳」であるが，それは，ある内容をもともとの発話の文脈にはなかったものを付け加えて，脱領域化する試みを示す．またもともとなかったものが，その内容に意味を与え

うる発話の立場を多様にすることで，普遍的になるという.

　また，〈予めの排除〉とかかわりを持つ心的現実としての無意識は，主体ともかかわりがあるが，前―社会的なものではなく，語りえない社会性を保持する方策でもあり，そこには権力の軌道が敷かれる．主体の基盤である――また主体を不安定化させる――予めの排除は，権力の軌道を通じて分節化される．権力の軌道とは，何が人格になりえて，何がなりえないかを規定する規範化理念であり，人格を獣性から引き離し，男と女を区別し，アイデンティティを「不可避的」な異性愛とジェンダーの理念的な形態に沿うように作り上げる傾向をもつ．また，それに賛成あるいは反対の「主張をおこなう」ことがたいていの場合難しい人種，国家，階級アイデンティティに関する執拗な同一化や否認に対して，物質的材料を作り出すものである.[4]

2 - 感性の分有

　文化翻訳という意味において，ヴィジュアルの表象の領域が醸し出す，感性の分有という問題がある.

　写真は，20世紀になって人々の民主的なあり方に貢献したメディアである．写真は音の世界とともに，共時性を引き起こすものでもあるが，写真によってどのような意味作用が引き起こされるのだろうか．このなかには，イメージによる共約と言われる言語が内在する.

　先述した写真をめぐる議論に引き続くものであるが，イメージをめぐる問いのなかで，ロラン・バルトの写真論である『明るい部屋』には，「原―類似性」とも言いうるような，現実の複製を与えるのではなく，それが由来する他の場所を無媒介的に示すような類似性が表されている．皮肉なことにこの書は，写真芸術について思考しようとする人々のバイブルになりながら，写真は芸術にはなり得ないということを示そうともしている．写真には，伝達する情報，および写真が受け入れる意味作用とも言いうるストゥディウムに対置する，プンクトゥムという写真的イメージの感性的様態，無媒介的でパトス的な効果がある．ストゥディウムが写真を解読，説明すべき素材にするところを，プンクトゥムは，「それはかつてあった」という情動的な力で私たちを無媒介的に打

つという．これは，写真の言葉なき明証性とも言い換えられるかもしれない[5]．

　バトラーは，このプンクトゥムに関して，悲嘆可能性に結びつけて考えていたが，類似性という写真の性質は，その文化翻訳としてのイメージの体制を引き出す．

　ジャック・ランシエールは，イメージ性のある特有の体制，〈見えるもの〉と〈言いうるもの〉の分節化のある特殊な体制（美学的体制）の定めにおいて，写真は生まれ，類似性とアートの生産として発展することができたとしている．そして，ストゥディウムとプンクトゥムの対置は，美学的なイメージを，象形文字と常軌を逸した剝き出しの現前のあいだで絶え間なく移行させる両極性を，恣意的に分割しているとする．バルトは，「それはかつてあった」の無媒介性を機械による感光の過程へと投影することで，機械による感光という現実と情動という現実のあいだのあらゆる媒介，つまりそれによって情動を感じ，名づけ，分節化することができるようになる媒介を消失させてしまっているとする[6]．

　媒介がない「感受」の状態と，「認識」の形而上学的な思考とのかかわりは，文化翻訳における分有という事態を位置づけている．

　そのなかにおいて，イメージは，一方で虚構の諸行為の配列，物語という古典的秩序を解体するような開放的な力，純粋な形態，純粋なパトスとしての価値を持っていながら，他方である共通の歴史の形象を構成する結びつきの一要素としての価値もあるという．共訳不可能な特異性とともに，他方で共通性をもたらす操作だという[7]．

　こうしたイメージがもたらす二律背反の影響力という領域に対しては，物語がある．

　物語とは，アリストテレス以来の詩の合理性を定めていた「諸行為の組み立て」のことであり，理想的な因果性の図式に基づくもので，その尺度が「諸記号」と「われわれ」のあいだの共通性を制定していたのだが，こうした了解可能性というテクスト的な作用と，それに奉仕させられているイメージ形成的な作用のあいだには，従属関係が伴われていた[8]．

　イメージの形成は，物語というテクスト作用に従属している，としているが，その背景には，分節化するべき表象の体制がある．

　ランシエールは，表象の体制というものが，美学的体制とは別に成立してい

るとする．しかしそこには，たとえばある苦痛を形象化するといった表現に含まれるような二律背反の美的現れがある．それは，見る者に不快を与えてしまうといった面も見いだせる．たとえばシンディ・シャーマンの女性の模倣の表象のなかでの人形と汚物の散らばった暗澹たる写真作品は，それがレイプの意味も醸し出す点において，苦痛を喚起するあまりに，目を背けてしまうことがある．

　表現の諸領域のあいだには，分離が生まれ，芸術の自律性と諸芸術の分割ができ，表象の体制との断絶を考えるような理論化ができるという．次の三点の議論は，表象の体制をどのように見いだすのか，という問いにダイレクトにつながるものである．

　ひとつには，ユルゲン・ハーバーマスのコミュニケーション理性によるつながりが補完する分割があり，物語とそれに従属させられていたイメージを引き継ぐ形態の特有の物質性（言語的，造形的，音響的）の力が近代社会の合理性によって保証されているという．これは，純粋性というモダニズム的な目的論の追求とも言い換えられる．

　もう一方には，弁証法的な解釈として二つの共約不可能性の衝突があり，たとえば歌に対する計算的理性，労働に対する享楽といったような分割，芸術の純粋な諸形態に対するその亀裂を隠蔽するような日常的・商業的に美学化された生活の諸形態の分離は，抑圧されたものの「イメージ」を出現させ，分割されることができない生活からの要請を思い起こさせるものでもある．

　第三には，共通の尺度の不在による破局という面がある．芸術の分割が，崇高なものの原初的な裂け目，観念と感性的な提示のあらゆる安定した関係の欠如と同一視されている．共約不可能性は，西洋的理性におけるその否定が絶滅という狂気を生み出したところの〈他者〉の力の刻印であるという[9]．

　第一のモダニズムの追求には，そこに生じる違和をノイズとみなしたり，純粋性の汚染といった捉え方が広がっている．第二の共約不可能性には，モダンアートとポップとの対比といった捉え方があるが，その狭間に位置する表現形態も存在するだろう．第三はジャン・フランソワ・リオタールからの視座としての破局，崇高さの裂け目というやはり共約不可能性の理由が提示される．

　表象の体制には，見せることと見せないことの暗黙の決定不全性がある．そ

こには，弁証法的なショックから象徴主義的な共通性へのつながりが見いだせる．美学的体制は，事実の理性とフィクションの理性とのあいだの表象的な分離を認めず，ある外的な規則に対する独立性を獲得する．こうしたなかにおいて，表象不可能なものという観念の内実とその意味作用はどのようなものでありうるだろうか．特に，非人間的なものが表象され得るのか，という問いが開かれる．エドモンド・バークの『崇高と美の観念の起源』では，イメージによる感性的な提示を飛ばして精神に直接的に伝達されるような情動の力があることが注目されていた．これは，ホロコースト以降の芸術の「不可能性」を提示不可能なものの芸術に変容させる見方に結実する．第4章で展開した，エヴァ・ヘスの「身体の変容と空間性」の作品，後述する自然をテーマにした作品群，従軍慰安婦を象徴するとされる平和の少女像，第1章における演劇セラピー，第9章にて後述するフェアトレードの布製品に込められる表象の居処は，不可能性の表現という領域につながる．

　このような表象の体制のなかにおける意味作用と過程の物質性の呈示において，内在化した詩学を見いだす可能性，共訳不可能ななかに媒介する何かの可能性に賭ける場所を，感性的分有として見ることもできるだろう．

3 - 翻訳可能性

　表象の体制において開かれる文化翻訳の可能性を見極めていきたい．

　ラクラウの述べる「等価性」は，決して「同一性」ではない．等価関係においては，互いに等価な項はさまざまに異なった特質を残しており，たんなる「等式」とは正反対にさまざまな特定の性質を持つことになる．しかし，ここで前提とされるのは，それでも等価性の契機がたしかにあり，ある効果を生み出すことだという．その効果とは普遍性である．それは，普遍性になんらかの地位が認められるとしたら，等価作用の堆積物という地位であるという．つまり「普遍」は決して自立した実体ではなく，つねに有限で逆転可能な個別性同士の関係に応じた一連の「名」に過ぎないという．それに対して，先述した差異とは，ラクラフにおいて，実定的な同一性とされ，一方で政治空間の敵対的な再編はすべて等価性というカテゴリーに結び付けている．差異とはアイデン

ティティと言い換えるものでもあるだろう[10].

　これは，差異の政治学としてのフェミニズムにとっても，普遍性とのかかわりを等価性において考えられるのだろうか，という問いを提示する.

　フェミニズム（女性解放思想）は，性的差異の問題を打ち立てており，性的差異を基盤に権利を主張しなければならなかったが，同時にこの主張が普遍的な公民権の付与へと論理を拡大しなければならないという必要もあり，こうした性的差異と普遍性を調停するために，数多くの戦術や逆説が試みられた．ここからバトラーが述べるのは，個別性と普遍性は，ときおり決定不能なかたちで一致することがあり，「性的差異」という語がある政治の文脈では個別を意味し，別の文脈では，人間性の基盤に性的差異があるとするような場合もあるということである．ここから，アイデンティティの構造的な不完全さという地平が浮上し，差異化が前─社会的な，社会とは別の構造レベルの差異化ならば，普遍的なものはもうひとつ別の圏域に置かれることになる.

　こうした，普遍性のもうひとつ別の圏域として考えられる方法として，ラクラウが，バトラーの社会理論を，「修辞的空間として組織された社会」，またストライキ，選挙演説，被抑圧集団の権利の主張といった政治行動などのなかにあるずらしという比喩的で，意味の決定が必然的な論理ではないところから生じる論理として言い換えていることも，関係があるだろう.

　もう一方で，バトラーは文化的な理解可能性の理論をヘーゲルから引出し，目的論には還元できない時間性に従って展開されているとする．ジジェクもヘーゲルについて，事物の遡及的な構築にそもそもかかわっているような時間についての問題を導入し，つまり，事物は最初に登場するとき，それ自身の本質としてそれと正反対のものを有し，したがってその「真実」を遡及的に構築するためには事物は転倒されなければならないような時間の問題を導入した人物としている[11].

　目的論に還元されない時間性のために，事物が転倒する，ということは，必然性の論理ではない意味決定を示唆していることにもなろう.

　人はファシズムに反対していると思っていても，実はその反対しているというアイデンティティ主義の源泉にはファシズムがあり，ファシズムは基本的に，それ自身への抵抗に依存していることを知る．一瞬，弁証法が支配の条件を拡

大して，あらゆる対立物を包含してしまうまでになるという危惧が生まれる．しかし，そこには，転倒的な作用があり，支配的な用語は認識論的な危機に陥り，その意味作用の方法も，それが包含している内容もわからなくなり，それと対立するものが支配の合併運動を麻痺させて，新しい社会形成や政治形成を生み出す可能性に土台を与えていくというものが見られる[12)]．

　こうしたなかにおいて，バトラーが文化翻訳と述べるものの内実は，多様な修辞的・文化的文脈のなかに自己限定的な実践として翻訳をすすめ，言説の非収束性を浮き彫りにし，語りの亀裂をとおして認識の基盤にある暴力を知ることともつながる．支配的なものが扱っているものの限界が暴露されることにより，ラディカルな民主的なあり方が示され，従属的とされる文化の言語に翻訳されたときに，その翻訳の現場ではかならずしも元のものと同じものにはとどまらない変容をもたらすだろう．

　人間の経験の諸形態は，主題と表現形式において見いだされるが，そこで必ずしも公衆の経験に対して，表象の論理が重なるとは限らず，むしろそこに自律した論理が敷かれることがある．表象における制約があり，現実的なものは表象の影をつねに抱えている．表象の体制のなかにおいて，主体形成はつねに被傷性を帯び，弁証法のショックがありながら，そこを掬い取るように象徴主義的共通性によって分節化されるだろう．

　身近なものや奇妙なもの，異質性や他者性が，あらかじめ排他的にされるのではなく，表象における意味作用や物質性の重なりとずらしのあり方によって，近代性の純粋性と並置され，意味が転倒する可能性を示唆することができるだろう．

　弁証法的な理性を通じてたどり着ける思考の場所は，このような表象の様式と無縁ではない．

　それがたとえ究極的に象徴化の世界の一部であっても，主体に示す，すべての様式における判断は，いわゆるどのような経験の世界のなかにおいても失われない．象徴様式の外側には，主体もなく，世界もない．しかし，カッシーラーは一人称の「わたし」の立脚点に，そこに備えられた判断の実践が，いつも現実性と可能性のあいだの区別に立ち返る，という新たな意味を与えている．カッシーラーにおける象徴様式は，たとえ異なった象徴様式によってまた異

なって理解されうる可能性であったとしても，可能性の地平線へとそれ自身を
越えていくと示すことによって成り立ちうる[13]．

　カッシーラーを通じてコーネルが，自然の必然性という理念に対し，そこに
人間性の自由の場所と一人称の「わたし」の立脚点，つまり表象様式に潜在性
の彼岸を見いだすところに，ラディカルな民主主義の可能性を見ることができ
るだろう．

4 - 詩学と悲劇的なもの

　表象様式には，そのものに備わる悲劇的なものが関係している．性的差異が
前─社会的であるという指摘には，物語における，悲劇性の要素がかかわって
くるとも言えるだろう．

　アリストテレスの『詩学』には，悲劇の定義と構成要素が説かれている．悲
劇とは，一定の大きさをそなえ完結した高貴な行為，の再現（ミーメーシス）で
あり，快い効果をあたえる言葉を使用し，しかも作品の部分，部分によってそ
れぞれの媒体を別々に用い，叙述によってではなく，行為する人物たちによっ
ておこなわれ，あわれみとそれを通じて，そのような感情の浄化（カタルシス）
を達成するものである．ここでの快い効果とは，リズムと音曲をもった言葉の
ことを，またそれぞれの媒体を別々に用いるというのは，作品のある部分は韻
律のみによって，他の部分はこれに反し歌曲によって仕上げることを意味する
[アリストテレース 1997：34]．

　演劇は，ある主題の呈示とともに，その機構の体制において，共同の空間に
おける諸々の身体の位置取りとの関係の基盤を備えるが，そこで人間の発話に
ついての法則ではない，ひとつの感情の発露という意味をも呈示する．ヴァル
ター・ベンヤミンの『言語一般および人間の言語について』[14]において見いださ
れる，自然と言語との出会う世界は悲しみで満たされる，というテーゼは，音
響的言語や言語の象徴的側面に循環と反復を描き，音楽のなかで解放へと至る．

　主体形成として敷かれた場所には，弁証法と象徴性との対立がつねに存在し，
詩学の成立する表象的な体制には，逆説的な論理や諸々の意味作用の秩序だっ
た展開，人が理解したり予期したりするものと不意を突いて到来するものの調

整された関係が見いだされる．悲しみの劇こそ政治劇の本来的意味を備えているということは，法則ではないひとつの感情の鬱積が発現されることを表す．言語の象徴的な側面として，ベンヤミンはアレゴリー的な意味を呈示しているが，言葉の二義性を持つこのアレゴリーは，事物の人間的言語による過剰命名が及ぼす一方の，音響的言語の反響を寄せ集める．それに対し，歴史は言葉のなかに突然ひとつの新しい意味世界を繰り広げ，そこには感情というものを欠く歴史的時間の世界が広がる．この歴史は，人間の言語における意味のなかで硬直し，そこにこそ悲劇性が差し迫ってくる．

　アレゴリーによってしか，悲劇的なものが表出しえない，ということが，それ自身ではない何か別の物を意味している，という表象しているものの非在を示しているとも言える．こうしたアレゴリーの世界像においては，主観的な見方が全体の経済のなかで余すところなく組み入れられていると言うことができ，その主観的なまなざしは盲目的なまでにある神学的なものと合致する．次に，こうした悲劇性と身体論とのかかわりを見いだしてみたい．

　ここにおいて，言語にどのように身体の痕跡が残るのか，言語構築において身体は行為の作用によるだけではなく，境界がどのように，どの程度引かれることによって形作られるか，という問いが開かれる．

　ジュディス・バトラーは，言語構築の問題として現れてくるような，言語の一元化に言語構築を還元することを拒否し，構築の対象における一方的で明白な言語の形象の造作を問いに晒す，という，脱構築との対話の緊張が現れるとする．それは，身体は可知的言語以上のものではないという主張なしに，身体の境界を確定しようとするいかなる言語的調整から離されて知られたり，その身体と一致したりはしないと述べることが可能だという．これは，可知を統制する言語の存在論的効果として，身体を形成することだという．身体は，知られている言語に依存するが，それでもまた身体は掴もうとするすべての瞬間の言語的可能性を越えようともする．これは，言語の外側に身体が存在し，身体の存在論はどのような言語的なそれとも離反してあり，私たちはこのような言語から離反した存在論について述べることができる，というような誘惑にかられるだろう[15]．

　言語外の純粋な身体性の存在論があたかもあるような気配がするが，そのな

かで言語構築との緊張関係において，身体が形成される視点を保つことができるだろう．

　言語の外部について，その存在論的純粋さを保つことがすでに不可能なキアズム（交差対句）が現れる．それは，身体がその言語的に掴まれるあいだに逃避し，引き続いて決定しようとするその瞬間にまさに身体は存在論的に逃避しようとする．言語外の身体を詳述することは，それ自体が言語と身体の交差対句の関係の問題性を象徴化しており，それゆえに言語と身体を分節化しようとしている区切りをつけることに失敗するのだ[16]．

　言語と身体の現れるすべとしての交差対句は，音響的言語としての空間へと広がりを持つ．また，バトラーは，現在時（now）というその瞬間に，それを参照しようとする時間はすでに過去になっており，現在時（now）は失われていることを述べる．そこから，ゲオルク・ヘーゲルについて，たとえ幾度も媒介のない瞬間に見える経験を考えたとしても，媒介なしには直接に私たちに与えられるものはなく，その意味において生気論者ではないとしている．ここにおいて媒介の意味するところは，何であれ私たちが経験において備われているものは，外部から現れるということ，もしくは，外側の道具によって私たちが省みるものである．それを通じて自省するものは，いつもある程度距離をおいたオリジナルな場所と時から現れる．言い換えると，ある種の時間や空間における置換は知の条件を構成するような，ヘーゲルが対象へと返還されているものを示している．対象は何か別のものに変化し，一人称の私を凌ぎ，対立し，まったくの別物になって返還されてくる[17]．

　ヘーゲルの主体には，時間差によって表象の置換が起こるという，その変容こそが，被傷性の様態として捉えられるところである．

　一見して対立しているように見受けられる詩学と弁証法的主体形成であるが，以上のようにその狭間において開かれる可能性を追究していくことを本論考の方向性とする．

　弁証法的な否定性を通じることのない生気論に近い唯物論的な議論に対比させても，弁証法的唯物論と詩学の両立としての道筋を考えていきたい[18]．

注

1 ） "Zizek's discussion seeks to underscore the sacrificial situation that inaugurates subject-formation, and yet in his discussion he posits and equivalence between the symbolic community and the social contract, even as the social contract is appropriately ironized through inclusive quotation marks. 〔―some lines omitted ―〕 I wish only to point out that the very theoretical postulation of the originary trauma presupposes the structuralist theory of kinship and socially-one which is highly contested by anthropology and sociology alike, and which has diminished relevance for new family formation throughout the globe. 〔―some lines omitted ―〕 If he is right, then sexual difference, in its most fundamental aspect, is outside the struggle for hegemony even as he claims with great clarity that its traumatic and non-symbolizable status *occasions* the concrete struggles over what its meaning should be," [Butler 2000: 142-143; 邦訳 192-193].

2 ） "I gather that sexual difference is distinguished from other struggles within hegemony precisely because those other struggles-'class' and 'nation', for instance-do not simultaneously name a fundamental and traumatic difference *and* a concrete, contingent historical identity. Both 'class' and 'nation' appear within the field of the symbolizable horizon on the occasion of this more fundamental lack, but one would not be tempted, as one is with the example of sexual difference, to call that fundamental lack 'class' or 'nation'," [Butler 2000: 143; 邦訳 193-194].

3 ） "She even identifies the notion of 'difference' in my work with that of 'exclusion' or 'antagonism', which is clearly incorrect, for in my approach, 'difference' means *positive* identity, while all antagonistic reordering of the political space is linked to the category of equivalence. I have tried to distinguish, in the logics constitutive of the social, two kinds of operation: the logic of difference , which institutes *particular* locations within the social spectrum; and the logic of equivalence, which 'universalizes' a certain particularity on the basis of its substitutability with an indefinite number of other particularities-the distinction broadly corresponds, in linguistics, to that between relations of combination and substitution, or between syntagmatic and the paradigmatic poles. In a populist discourse, for instance, the social space tends to be dichotomized around two syntagmatic positions and the ensemble of identities weaken their differential characters by establishing between themselves an equivalential relation of substitution, while an institutional discourse multiplies the differential-syntagmatic positions and, as a result, reduces the equivalential movements that are possible within a certain social formation," [Butler, Laclau and Zizek 2000: 193-194: 邦訳 259-260].

4 ） "Although it might be inevitable that individuation requires a foreclosure that produces the unconscious, a remainder, it seems equally inevitable that the unconscious is not presocial, but *a certain mode in which the unspeakably social en-*

dures. 〔—some lines omitted—〕 The foreclosures that found-and destabilize-the subject are articulates through trajectories of power, regulatory ideals which constrain what will and will not be a person, which tend to separate the person from the animal, to distinguish between two sexes, to craft identification in the direction of an 'inevitable' heterosexuality and ideal morphologies of gender, and can also produce the material for tenacious identifications and disavowals in relation to racial, national and class identities that are very often difficult to 'argue' with or against," 〔Butler 2000: 153; 邦訳 207-208〕.

5)　"Hyper-resemblance is the original resemblance, the resemblance that does not provide the replica of a reality but attests directly to the elsewhere whence it derives. 〔-some lines omitted-〕 Doubtless no one has expressed this view better than the Barthes of *Camera Lucida,* a work that ironically has become the bible of those who wish to think about photographic art , whereas it aims to show that photography is not an art. 〔-some lines omitted-〕 He wants to establish a direct relationship between the indexical nature of the photographic image and the material way it affects us: the *punctum,* the immediate pathetic effect that he contrasts with the *studium,* or the information transmitted by the photograph and the meanings it receives. The *studium* makes the photograph a material to be decoded and explained. The *punctum* immediately strikes us with the affective power of *that was*: *that*-i.e. the entity which was unquestionably in front of the aperture of the camera obscura, whose body has emitted radiation, captured and registered by the black chamber, which affects us here and now through the 'carnal medium' of light 'like the delayed rays of a star'. 〔-some lines omitted-〕 He bends the stick in the other direction by valorizing, under the title of *punctum,* the utter self-evidence of the photograph, consigning the decoding of messages to the platitude of the *stadium,*" 〔Ranciére 2010: 9-11; 邦訳 17-20〕.

6)　"It defines a specific regime of 'imageness', a particular regime of articulation between the visible and the sayable-the one in which photography was born and which has allowed it to develop as a production of resemblance and art. 〔-some lines omitted-〕 And the contrast between the *studium* and the *punctum* arbitrarily separates the polarity that causes the aesthetic image constantly to gravitate between hieroglyph and senseless naked presence. In order to preserve for photography purity of an affect unsullied by any signification offered up to the semiologist or any artifice of art, Barthes erases the very genealogy of the *that was*. By projecting the immediacy of the latter on to the process of mechanical imprinting, he dispels all the mediations between the reality of mechanical imprinting and the reality of the affect that make this affect open to being experienced, named, expressed," 〔Ranciére 2010: 11-15; 邦訳 21-26〕.

7)　"On the one hand, then, the image is valuable as a liberating power, pure form

and pure *pathos* dismantling the classical order of organization of fictional action, of *stories,* on the other, it is valuable as the factor in connection that constructs the figure of a common *history.* On the one hand, it is an operation of communalization," [Ranciére 2010: 34; 邦訳 48].

8）"History was the 'assemblage of actions' which , since Aristotle, had defined the rationality of the poem. This ancient measurement of the poem according to a schema of ideal causality-connection by necessity or verisimilitude-involved also a certain form of intelligibility of human actions. It is what established a community of signs and a community between 'signs' and 'us': a combination of elements in accordance with general rules and a community between the intelligence that produced these combinations and sensibilities called upon to experience the pleasure of them. This measurement involved a relationship of subordination between a ruling function-the textual function of intelligibility-and an image-forming function in its service," [Ranciére 2010: 38-39; 邦訳 55].

9）"There is first of all the rationalist, optimistic version. What succeeds histories, and the images that were subordinate to them, are forms. It is the power of each specific materiality-verbal, plastic, sonorous or whatever-revealed by specific procedures. This separation between the arts is quaranteed not by the simple fact of the absence of any common term of measurement between words and stone, but by the very rationality of modern societies. Such rationality is characterized by a separation between spheres of existence and of the forms of rationality specific to each of them-a separation that the bond of communicative reason must simply complement. Here we recognize the teleology of modernity that a famous talk by Habermas counter-poses to the perversions of 'post-structuralist' aestheticism, ally of neo-conservatism. Next there is the dramatic and dialectical version of Adorno. Therein artistic modernity represents the conflict of two separations or, if one likes, two forms of incommensurability. For the rational separation between spheres of existence is in fact the work of a certain reason-the calculative reason of Ulysses which is opposed to the Sirens' song, the reason that separates work and pleasure. The autonomy of artistic forms and the separation between words and forms, music and plastic forms, high art and forms of entertainment then take on a different meaning. They remove the pure forms of art from the forms of aestheticized everyday, market existence that conceal the fracture. They thus make it possible for the solitary tension of these autonomous forms to express the original separation that founds them, to disclose the 'image' of the repressed, and remind us of the need for a non-separated existence. Finally, we have the pathetic version evinced by Lyotard's last books. The absence of any common measurement is here called catastrophe. And it is then a question of contrasting not two separations, but two catastrophes. The separation of art is in

effect assimilated to the original break of the sublime, to the undoing of any sta-
ble relationship between idea and empirical presentation. This incommensurability
is itself thought as the mark of the power of the Other, whose denegation in
western reason has generated the dementia of extermination," [Ranciére 2010 : 39
-41 ; 邦訳 56-57].

10) "She even identifies the notion of 'difference' in my work with that of 'exclu-
sion' or 'antagonism', which is clearly incorrect, for in my approach, 'difference'
means *positive* identity, while all antagonistic reordering of the political space is
linked to the category of equivalence. [in reverse order—some lines omitted—]
Equivalence does not mean identity-it is a relation in which the differential char-
acter of the equivalential terms is still operating there, giving to equivalence its
specific features, as opposed to mere 'equation'. But this also entails that the
equivalential moment is there anyway, producing its effect, whose name is *uni-
versality*. The only status I am prepared to grant to universality is that of being
the precipitate of an equivalential operation, which means that the 'universal' is
never an independent entity, but only the set of 'names' corresponding to and al-
ways finite and reversible relation between particularities," [Butler, Laclau and
Zizek 2000 : 193-194 : 邦訳 259-260].

11) "Moreover, although Laclau insists on Hegel's panlogicism, it is unclear what
he means by this or indeed, what follows from it. The *Phenomenology*, for in-
stance, operates according to a temporality that is irreducible to teleology. The
closure of that text is not the realization of the State or the manifestation of the
Idea in history. It is, significantly, a reflection upon the very possibility of begin-
ning, and a gesture towards a conception of infinity which is without beginning
or end and , hence at a crucial distance from teleology. [—some lines omitted
—] Zizek also refuses the reading of Hegel that would assume that all temporal-
ization in his work is in the service of teleological closure. Following the tradition
of criticism established by Kojeve, he reads Hegel as introducing a problem of
time that is fundamentally concerned with the retroactive constitution of the ob-
ject, the moment in which the object which first appears turns out to have its
opposite as its essence and so becomes subject to an inversion on the condition
of a retroactive constitution of its 'truth'," [Butler 2000 : 172-173 ; 邦訳 232-233].

12) "One thinks one is opposing Fascism, only to find that the identificatory source
of one's own opposition is Fascism itself, and that Fascism depends essentially
on the kind of resistance one offers. [—some lines omitted—] This can be
called a crisis or a passage of unknowingness, or it can be understood as pre-
cisely the kind of collapse that gives rise either to a new nomenclature or to a
radical reinscription of the old. The risk here is that the dialectic can work to
extend the very terms of dominance to include every aspect of opposition. This

is the trope of the monolithic and carnivorous Hegel whose 'Spirit' incorporates every difference into identity. But there is an inverse operation-one which is less well noted in Hegel, but which the dominant terms come into epistemic crisis, no longer know how to signify and what to include, and where the opposition brings to paralysis the incorporative movement of dominance, laying the ground for the possibility of a new social and political formation," [Butler 2000: 173-174; 邦訳 233; 235].

13) "Judgment in all forms testifies to a subject not lost among the phenomena of any so-called empirical world, even if it is ultimately a part of a world of symbolization. Outside of the symbolic form, there is no subject and there is no world. But Cassirer gives a new meaning to how the I standpoint, and the practice of judgement that inheres in it, always takes us back to the distinction between the actual and the possible. Symbolic form in Cassirer only coheres as it points beyond itself to a horizon of possibility, even if that possibility will be comprehended differently in different symbolic forms," [Cornell and Panfilio 2010: 24-25].

14) ベンヤミンの「近代悲劇とギリシア悲劇における言語の意味」より，「本来的な受胎」という意味で本文の参照が示されている [Benjamin 2004]..

"It is the site of the actual conception of the word and of speech in art; the faculties of speech and hearing still stand equal in the scales, and ultimately everything depends on the ear for lament, for only the most profoundly heard lament can become music.) (Walter Benjamin, translated by Edmund Jephcott, "On language as such and on the Language of Man" p 69 in in Selected Writings, V1. 2004, Harvard University Press) (This knowledge of the thing, however, is not spontaneous creation; it does not emerge from language in the absolutely unlimited and infinite manner of creation. Rather, the name that man gives to language depends on how language is communicated to him. In name, the word of God has not remained creative; it has become in one part receptive, even if receptive to language. Thus fertilized, it aims to give birth to the language of things themselves, from which in turn, soundlessly, in the mute magic of nature, the word of God shines forth," [Benjamin 1968].

15) "I want to suggest another way of approaching this question, which refuses the reduction of linguistic construction to linguistic monism and which calls into question the figure of language acting unilaterally and unequivocally on the object of construction. [—some lines omitted—] My concerns are of another order, perhaps in the very tension that emerges as the problem of discursive construction comes into dialogue with deconstruction. For my purposes, I think it must be possible to claim that the body is not known or identifiable apart from the linguistic coordinates that establish the boundaries of the body-*without* thereby

claiming that the body is nothing other than the language by which it is known. This last claim seeks to make the body an ontological effect of the language that governs its knowability. 〔一some lines omitted一〕 Although the body depends on language to be known, the body also exceeds every possible linguistic effort of capture. It would be tempting to conclude that this means that the body exists outside language, that it has an ontology separable from any linguistic one, and that we might be able to describe this separable ontology," [Butler: 2015: 20-21].

16)　"But this is where I would hesitate, perhaps permanently, for as we begin that description of what is outside of language, the chiasm reappears: we have already contaminated, though not contained, the very body we seek to establish in its ontological purity. The body escapes its linguistic grasp, but so, too, does it escape the subsequent effort to determine ontologically that very escape. The very description of the extralinguistic body allegorizes the problem of the chiasmic relation between language and body and so fails to supply the distinction it seeks to articulate," [Butler: 2015: 21].

17)　"In relation to the "now," that most immediate moment, it turned out that the "now" was always past by the time we referred to it. We lost the "now"—or saw it vanish—at the moment of pointing to it, which means that acts of reference do not precisely capture their referent. 〔-some lines omitted-〕 In this way, language always misses its mark, and has to, in order to refer to that time at all. In this sense, the "now" is invariably "then" by the time it becomes available to us in language (which is, by the way, the only way it becomes available, since there is no unmediated relation to the "now"). Hegel is no vitalist; neither does he believe that the immediate is available to us without mediation, even though time and again he will consider those experience that seem to us to be most immediate, most clearly without mediation. "Mediation" has at least two different meanings here: first, whatever becomes available to us within experience has been rendered external and has been reflected back to us, in passing through or being reflected back to us by what is external, is always at a distance from its original location and its original time. In other words, a certain displacement in time and space constitutes the condition of knowing , what Hegel often refers to as a "return" of the object. The object must leave, become something other, over and against me, and it must also return, become something indissociable from me, however foreign," [Butler: 2015: 93-94].

18)　思弁的実在論や新しい唯物論，オブジェクト指向存在論とも呼ばれる新しい哲学の潮流として，Bennett [2015: 12-14] などを参照．本章が，関係性などを対比したい論考でもある．

第 III 部
イメージと象徴

第6章 従軍慰安婦を表現する平和の少女像の象徴様式
——エルンスト・カッシーラーの神話的思考に照らし合わせて——

はじめに

　「慰安婦」という言葉は，その使用する背景を想像する時点において，当該の人々を差別的な境遇に置くという効果を持つ言葉である．戦後半世紀近くも経った1990年代において日本軍従軍慰安婦問題を歴史・社会問題であると認識していく過程において，国際人道法と女性の人権の普遍的な視点から，「戦時・性暴力の不処罰」，「戦時性奴隷制」という用語を使用した国連人権委員会の報告書が作成された．

　その時に浮かび上がったことが，当時の体験を個人的な角度から証言するというサバイバーの存在への敬意である．社会的共通項や日本軍の組織的犯罪を問うという目的はあるが，個人の証言のかけがえのなさをそのまま受け止めるという身体的行為の相互作用が捉えられてきたのである．

　2019年8月4日に開催中であった「あいちトリエンナーレ2019」において，抗議や脅迫があったため，企画展『表現の不自由展・その後』が中止となった．抗議の向かう先は，日本軍「従軍慰安婦」を表現したとされる「平和の少女像」がその大半を占めていた．

　そもそもアートという表現様式において，展覧会の中止をするという政治的な判断というものは，社会の外を想定することでは成立しない．特にこのあいちトリエンナーレでは，社会とのかかわりを想起させる作品も多く展示され，「情の時代」というテーマを掘り下げた政治的文脈に沿って鑑賞を促す具象性の強いものも多いというのも，前回までのあいちトリエンナーレとも違いが際立って特徴的であった．

　その「情の時代」というテーマに込められた意味は，今回のひとつの企画展の中止の判断を決めた津田大介芸術監督によると，「人間は守りたい伝統や理

念が違っても，合理的な選択ではなくても，困難に直面している他者に対して，とっさに手を差しのべ，連帯することができる生き物である．今人類が直面している問題の原因は『情』（不安な感情やそれを煽る情報）にあるが，それを打ち破ることができるのもまた『情』（なさけ，思いやり）である」としており，あるひとつの説明として，「ナショナリズム」（国家主義）が刺激されるという事態をも含めて，それを「情」という軸で示そうとしている．

　ここにおいて，似て非なる概念である「情動」という言葉を導入したい．伊藤守は，意識化される以前の身体的感受と知覚の問題である「情動」というミクロ知覚の水準から文化現象を捉えることの重要性を指摘している［伊藤2018］．

　「情動」という観点は，メディア論からも，また国家をめぐる政治的立場のなかからも，重要視されてしかるべき概念である．こうしたなかにおいて，「ナショナリズム」（国家主義）というものは，すでにベネディクト・アンダーソンが「想像の共同体」論によって示したように，時空を超えて共有する共同性というもので，それが凝縮される情動の発動により，排斥や差別といった方向性が始まるという理解が可能である．本章は，こうした特にアートという表現様式に現れる「情動」の現代的様相を，エルンスト・カッシーラーが「象徴様式の哲学」で着目した「神話的思考」に照射することによって，「象徴」とは何か，それに賭けられているものとは何か，ということを解明することを目的としたい．

　性暴力という力の前に屈服した状況のなか，慰安婦の人々にとって，神話的思考とは何を表しているものであろうか．社会学で通常「〜神話」とか「神話としての〜」といったことは，人々の思い込みによる行為の反復であり，それが表象として支配的になる，ということを言う．戦場における性暴力は，その後ろだてに日本軍の兵士による神話が存在しており，軍隊というそのものの本質的な価値や意味を内包している．たとえば，女性国際戦犯法廷における日本軍兵士の証言においては，当時の陸軍では罪状はあったにもかかわらず，強姦は日常茶飯事とされ，その後に子どもができたとしたら恨みに思うだろうから，女性も子どもも生かしてはおけないとする．その性暴力は，軍隊の存続のための神話を各々の兵士に課している．

　カッシーラーによると，古代と近代の時間的並列という面を見いだせる神話の領域は，「始原」という神話的概念と，「原理」という哲学的概念との移行点，および中間点を指し示すものであるという．神話のうちには，精神のひとつの根源的な方向が，また意識のひとつの自律的な形成様式があらわれているゆえ，神話は哲学の問題となる．エルンスト・カッシーラーは，『シンボル形式の哲学［二］神話的思考』の序文において，ヘーゲルの『精神現象学』からの長い引用をおこなっている．ここからカッシーラーは，認識と神話的意識との関係を述べる．感覚的意識と呼びならわされているもの，つまり「知覚世界」の存在は，それ自体すでに抽象の所産であり，「所与」に対する理論的加工の所産である．こうした抽象にまで高められる前は，自己意識は神話的意識の諸形象のうちにあり，そこで生きている．それは「物」とその「属性」の世界であるよりもむしろ，神話的な諸力の世界，悪霊や神々からなる世界である．近代性と結びつく自己意識は，こうした神話をすべて論理的認識のなかに取り込むことはできず，認識形式の内部では，神話（ミュトス）と論理（ロゴス）との真に厳密な区別はほとんどなされてはいない．[2)]

　日本軍の性暴力という視角は，対象化され，命名された世界ではなく，その知覚世界のまま50年以上も黙認されてきたことであり，慰安婦の人々の証言は長年の身体をかけて発せられた声であった．

　カッシーラーにおいて，物事を認識し，学習することにおける，原初的な時間感覚というものが着目されるが，それゆえに動物と人間の連続性という領域が浮かび上がる．カッシーラーは，人間について，理性ではなく，シンボルを持つ動物という捉え方をする．動物の知性には，個体としての何らかのアイデンティティの感覚が宿り，原初的な空間感覚が備わる．それに対し，人間性としてカッシーラーが着眼する点は，動物とは異なったレベルとしてのシンボル形成であり，描出＝表象，表現，意味を作り出すことにあるという．

　そこには，名付けることの深遠さが宿る．実践上の経験の外においても，たとえば「水」という表象は，特定の時間性と空間性を越えて共通認識として名付けることができるシンボル体系のもとにあり，それは動物にはない体系である．こうしたシンボル体系は，みずからが住まう世界を意味表示することができ，他者の世界に対してみずからを開くことができるものでもある．たとえば，

雪の降らない地域では，「雪」を表わす言語は多くはないが，雪の降る文化の言語には「雪」にあたる言葉が三十種類もあるというように，言語に宿る意味の豊かさこそが，複数性と変容可能性を物語るのである．こうしたシンボル体系自体を内包する言語は，アートと言い換えることもできるだろう．平和の少女像には，このような従軍慰安婦の人々の経験の位相が，シンボルとして表象されていると見ることができる．

　アート表現の世界には，表象の地平があり，そこには「名づける」という命名の力が働いている．カッシーラーから導かれることには，言語自体の複数性とそれ自体が変わり得るという時間のプロセスに賭けるという世界が広がっている．

　次節の，「表現の不自由展・その後」をめぐる攻防は，平和の少女像とその他の戦争とその歴史認識にかかわる展示が，いかにポジティブな意味の複数性のベクトルを排除し，削減しようとする力が働いてきたのか，ということが示されるだろう．

1 - 『表現の不自由展・その後』をめぐる攻防

　あいちトリエンナーレにおいて，わずか3日で中止となった『表現の不自由展・その後』は，それまでに文化施設などで展示が不許可になった作品を見せることによって「表現の自由」について再度議論するために催されていた．

　そこに対して，二方向からの論点が降ってわいた．[3]

　一つ目は，脅迫的な芸術祭事務局への連絡である．突然の脅迫の電話やメール，SNS での攻撃は，電凸と言われ，匿名で中止を迫る連絡を何度もおこなっていたことが後に明らかになってきた．その脅迫の内容においても，「反日の作品」と名指しをし，対応した職員の記録によると，「死人が出るぞ」という脅しや「お前の母親の裸の写真を公にするぞ」などといったハラスメントをおこなっている．津田氏によると，抗議の内訳は半数が「平和の少女像」に関するもの，4割が昭和天皇を想起させる作品に対するものであったという．実際に脅迫にかかわった高校生や40代の大手企業の社員なども，メディアの取材に応じ，匿名であるために集団的な脅しが可能になったと証言している．

　目に見えない加害者により，本来ならば二か月半の展示のところ三日で中止
となった『表現の不自由展・その後』は，その後も波紋を広げている．中止に
なったことに抗議するアーティストが相次ぎ，あいちトリエンナーレにおいて
は10名以上の作品が見られない状況になった．南北朝鮮にまつわる問題を歴史
とメディアのイデオロギーによって引き裂かれた状況として描いた作品も取り
下げられてその後，鑑賞はできなくなっていた．

　二つ目は，公的資金の投入に関する展示会内容への批判が出現したことであ
る．この『表現の不自由展・その後』中止の記者会見において，愛知県知事は，
明確に資金の投入はしても，展示内容への介入はしないと明言していた．しか
し公共という概念のあり方に対し，政治的主張を伴った作品を展示することへ
の批判が生じた．

　では，どのような作品が『表現の不自由展・その後』にはあったのであろう
か．当展示会はさらに 4 年前の2015年に東京で開かれたグループ展から引き続
いての展示であり，それ以前の2012年に東京・新宿のニコンサロンで予定され
た「元慰安婦」の写真展がニコンから中止通告を受けたことに対しての裁判支
援の実行委員会が企画したグループ展であった．「元慰安婦」の写真展で議論
になったのは，韓国人写真家の安世鴻の「重重――中国に残された朝鮮人日本
軍『慰安婦』の女性たち」という作品であり，元慰安婦の人々の生活の姿をモ
ノクロームで撮ったものである．また，大浦信之の「遠近を抱えて」は昭和天
皇をモチーフにした作品であり，1986年に当時の富山県立近代美術館で展示さ
れた後，県議会の会合で「不快である」などと批判されて非公開になり，1993
年には美術館が作品を売却，図録も焼却された．今回は，作品が燃えるシーン
の映像作品も出展されていた．岡本光博の「落米のおそれあり」は，2017年，
沖縄県うるま市のアートイベントで，米軍機の墜落事故をモチーフに，商店の
シャッターに描いた作品に対し，地元自治会が「ふさわしくない」と反対し，
非公開になった作品である．

　また，今回の展示の奥には東北の震災後のあいちトリエンナーレで出品され
た Chim↑pom の映像作品も息をひそめる先に隠されるように展示されてい
た．震災で何もかもが破壊され，ばらばらになっている地域で若者たちが大き
な声で「気合」を入れている作品である．これは，当時のあいちトリエンナー

レでやはり批判に晒されたものであった．また，憲法9条をテーマにした俳句も同時に展示されていた．

　ひとつひとつの作品は，何気ない慰安婦の人の日常のワンショットであったり，シャッターに描かれた飛行機の絵であったりするので，キャプションによってその文脈を知るまでは政治的なメッセージがある作品であるとは気づくことが難しい．しかし，一方でアジア太平洋地域における日本のあり方について，決して看過することはできない問題を提起している作品ばかりである．

　従軍慰安婦，天皇制，憲法9条，米軍基地問題といったことをモチーフにした16組の作品群は，どれもその問題の内部に入り込み，逡巡し，思考するために重要な手がかりを与えてくれる．見る側の想像力にゆだね，もともとある政治的分断を乗り越えるようなことが開かれるには，この表現が公的な場で見られる必要がある．その機会を，匿名の脅迫という暴力で奪ってしまった罪は大きい．しかし，これを機に表現者と鑑賞者が市民同士で話し合う場をトリエンナーレの会場内に設けたり，さまざまな媒体でこの事件をどのように考えるのか，というかたちで取り上げられたりする試みが始まっていったことはまた，政治的分断に架け橋をする一歩であるとも言えよう．

2・モニカ・メイヤーのインスタレーションに通底するもの

　慰安婦を表現したとされる「少女像」について，その背景を韓国と日本のナショナルな対立項に還元される前に，社会においてなかなか声をあげることができない性暴力というテーマがアート表現においてどうあらわれるのか，という問いを見いだしてみたい．あいちトリエンナーレの名古屋市立美術館の会場は，どの作品も，きわめてプライベートな領域からの表現が多いという印象を受ける．個人的な悩みの文通を通じたり，劇場での癒しの講演会を映像化したセラピー療法のパスカレハンドロの作品．ジェンダーの不均衡，女性と労働，生命や生殖にまつわる問題についての反芻から刺繍作品を展示した碓井ゆいの作品．18歳のときに母親から「自分が人工授精で生まれてきた子ども」であることを知らされて以降，自分を含めた「選択された生」にまつわる，やわらかいラメ糸で刺繍した絵画や，まるで彼女の小さな部屋にいるかのようなインス

タレーションを展開する青木美紅の作品．戦前の台湾における日本の皇民化政策として行われた清めの儀式の映像とその身体技法を現在の在日外国人が演じる映像とを並列させた藤井光の作品．

　こうしたなかにおいて，突然ピンク色のモチーフが開かれる部屋に，モニカ・メイヤーの作品は登場する．メキシコのフェミニスト・アートのパイオニアであり，今回のあいちトリエンナーレにおいてジェンダー平等をテーマとして掲げ，ほぼ男女のアーティストが半々となるような公正な作品構成にしたなかにおいても，特に注目されるアーティストであった．開催に先立ち，名古屋の地でジェンダー論の意味としての彼女の作品についてのシンポジウムも開かれていたことが展示にも表われていた．

　モニカ・メイヤーのインスタレーションは大変シンプルな方法で貫かれている．「あいちトリエンナーレ2019」に先駆けて，今年6月に開催されたワークショップで以下の問いが発せられ，その回答が洗濯ばさみで作品として留められている．

　「女性として差別されていると感じたことがありますか？　それはどのようなものですか？」
　「あなたや，あなたの身近でセクハラ・性暴力がありましたか？　それはどのようなものでしたか？」
　「セクハラ・性暴力を無くすために何をしましたか？　これから，何をしますか？」
　「これまでに受けたセクハラ・性暴力に対して本当はどうしたかったですか？」

　こうした問いに対して，今回の展示においては，さまざまな背景をもった人々が，匿名で記したコメントを読むことができる．また，テーブルの上に用意されたカードの質問に，来場者はだれでも回答し，ロープに足していくことができる．こうした手法は，「クローズライン・プロジェクト（The Clothesline）」とされる，参加型のしくみであり，それ自体が普遍的な要素となりうる．やはり，現代アートにおいて参加型の取り組み，また展示内容が日々変化していくというプロセスアートのしくみは，人々の思考のうごめきが如実に現れる

写真6-1　モニカ・メイヤーのインスタレーション
（あいちトリエンナーレにて）
出所：筆者撮影.

という意味において，普遍的な取り組みである.

　またこれは，従来の女性解放運動の要素を用いながら，鑑賞者たちにみずからの経験や，女性に対する暴力への反応を共有するように勧めるものである．みずからの経験を語るという，一見すると難しい作業も，他の人々が書いた内容に触発されて，また共感して，表現することができるものでもある．これは，

1978年にメキシコシティで初めて出展されてから，40年以上も世界各地で受け継がれた手法である．この作品は，世の中に埋もれていく「声なき声」を拾い上げて示していると言えるだろう．たとえ罪に問えなくとも，日常生活のなかで起こる性別に関する嫌がらせや暴力が，決して少なくはないことを可視化している．モニカ・メイヤーは，見えにくく，語られにくい性にまつわる差別や抑圧，暴力について，決してなかったことにはしない．作品を通じて，私たちに，考えたり，対話したりすることを促すのである．

　このカードを読むということは，まるでひとつひとつ，性暴力に対する証言を聴くという作業に近いものがある．それは，どうして美術作品としての意味を持つこととなるだろうか．美的なものとは，ある種の人の持つ感情の「快」の部分に関係するところがあるだろうが，性暴力とは，「不快」という感覚と，それが言語化することによって継続するという感情の表現を引き起こす．「不快」かもしれない感覚を喚起するが，その情動の一側面は，理性によって文脈化される回路を導いている．

　内容は，それぞれの地域で展開しているものであるが，職場におけるセクシュアル・ハラスメント，家庭においての男女の違いを認識させられたこと，不条理な立場に立たされていても，決して相手を罪には問えないという関係性のなかでの思いなど，痛切に迫ってくるものが多くあり，地域における違いというよりも，それぞれの地域を超えた「暴力性」への気づきと言えるものである．

　しかし，なかには，このような展示をすることへの反発も少数ではあるが存在する．書き手は男性（的な言語表現）であることがうかがわれるが，そちらの意図に反して「見るに堪えない」，「このようなものを見に来たわけではない」といった内容を展示していることもあった．

　やはり，参加型という手法は，こうした否定的な反応も含めていくなかで，決してひとつひとつの証言を総合的でジェネラルな段階におさめていくのではなく，個々の違いのあるなかにおいて，次の思考を触発していくという方法として捉えることができるだろう．再度，性暴力というテーマが，アート表現として成立するのか，という問いが捉えられるが，それは地続きで，従軍慰安婦を象徴する少女像がアートとして鑑賞されることにおける意味と影響といった

問いへと導いていく.

　シンディ・シャーマンには,明確に女優,郊外の主婦,少女といった女性に扮する写真作品があるが,なかには,人形が汚物にまみれたなかでばらばらになっているという,レイプのあとの女性の心情を表現したととれる連続した視覚作品がある.

　人がもつイメージに強烈に訴えかける視覚作品であるが,視覚からではなく,言語によって表現する,文字を追って鑑賞し,そして自身も書いて表現するという一連の作業を伴うアート表現は,今回のモニカ・メイヤーの作品として成立しているととれる.手紙や日記,カードといったプライベートな記述は,第三者が鑑賞するということで,そこに感情の触発や共感といった心のうごめきを生み出し,残像としてぬぐいがたいイメージを植え付けると考えられる.

　文学作品とその映像化といったなかでも捉えられる点である,文字を追って物語を追うことと同様に,イメージとして読み手はそこにある種の映像化(空間化)をおこなっており,映像作品が必ずしも原点の文学作品に忠実であるといったわけではないために,文章と映像化の齟齬が起きるということはあり得る.こうしたイメージの齟齬がもつ,「暴力性」といったことが,「性暴力」にはついてまわり,アート表現(技芸)のなかに現れる,とも見て取れるだろう.

　性暴力自体に内包され,それが言語化される際に引き起こされる「暴力性」,それとイメージと言語との齟齬としての暴力性という二種類の「暴力性」があるように見えるが,それは実体化しえない性にかかわる言語化の同じひとつの「暴力性」なのではないだろうか.

　こうした「暴力性」を持つ回路が,アート表現としての少女像に結び付いたとき,そこには,傷のイメージへの弔いが備わっていなければならないであろう.次節では,「慰安婦」について,その象徴のあり方を議論する.

3 - 「従軍慰安婦」を象徴するということ

　「従軍慰安婦」とは,アジア太平洋に広がった日本の「公娼制」のなかで働かされ,性暴力に遭った人々であると言える.1875年の江華島事件を皮切りに朝鮮侵略を推し進めた日本が,女性の身体を国家が管理する「公娼制」を朝鮮

にも移植していったことの意味は，さらなる領土拡大をもくろんだ侵略戦争において，朝鮮の女性たちを軍専用の「慰安婦」として徴用した，その長年の苦しみ，痛みを理解し続ける必要を喚起する．

　苦しみ，痛みは，「被害者」という当事者のみが感じることではなく，やはりその制度と国家を通じて時代を超えて証言を聴く「加害」の立場にある人々も，当事者として分け合っていくものである．少なくとも，「慰安婦」に対しての向き合い方として，1991年の衝撃的な金学順さんのカミングアウトに対し，まず最初に事実を如実に解明するということを下支えする共感の協働性は，国境を越えたフェミニズムとして動き出したのではないかと考えられる．

　このなかにおいて，象徴というかたちにおいて表現された「慰安婦」とは，いったいどういった波及力を持つものなのだろうか．

　まず，社会的テーマを持つ作品が多く捉えられるあいちトリエンナーレにおいて，フィクションという定義をどう考えるか，ということが浮上する．美学と政治を射貫くジャック・ランシエールは，フィクションを，「見えるもの，言いえるもの，そして思考しえるものの関係を構築すること」とする．

　たとえば，支配的なフィクションは，人口のいくらかを「犠牲者」という不明瞭なカテゴリーのなかに置き入れる．彼らは苦痛に苛まれており，この苦痛の現実は，フィクションにではなく，もっぱらドキュメントに向いている，とする．ここには，主題と表現形式の適合の古い再現＝表象的論理が見られる[4]．

　ランシエールには，「犠牲者」というカテゴリーを提示する支配的なフィクションに対して，「無名者の詩学」という概念を示し，証言をおこなう者にある文学的な構築に重きを置く傾向を見いだす．前節で捉えたメイヤー作品のワークショップ形式のなかで現れる「性暴力」に対するそれぞれの証言は，必ずしも「犠牲者」というカテゴリーに収まる言説ではないものの，その言葉の紡ぐ物語には，読む者に対して情感の分有へと誘い込むところが見られる．

　「無名者の詩学」とは，ランシエールによると，自身の身体のうえに自身の歴史を綴っている事物たちの無言の言葉や，登場人物たちによって体験される感性的出来事が属している無限なるものの非人称的な生の呼吸，ある主体構築の非人称的真理を表現する印象あるいは思いがけない記憶による不意打ちなど[5]と呼ばれるものがある．

　証言を文学的に聴くということは，ポリティカル・コレクトネス（政治的正しさ）からすると，正しくはない行為なのかもしれない．さらに，名前がないということに対し，人権から導かれる物語性への敬意という視点が，欠如しているという指摘がなされるかもしれない．しかし，非人称的な生の呼吸を感じ取り，記憶や印象という感性の領域で事物として受け止める事柄はある．

　小川洋子の小説には，人びとの記憶がテーマになっていることが多く，プライベートな記憶が宿る事物が（動物の場合もある）そのまま主要なモチーフとなり，「無名者の詩学」と述べるにふさわしい様相を呈している．彼女の『薬指の標本』では，登場人物にとって抜き差しならない記憶が宿る事物，それは楽譜であったり，靴であったりするのだが，こうした事物がそのままアレゴリー（寓話）として女性，さらには軍隊の兵士の存在のあり様への言及ともなる．

　実は，「従軍慰安婦」を象徴するとされる平和の少女像に添えてある作家キム・ソギョン／キム・ウンソンによる説明書きには，フェミニズムにかかわる重要なひとつのフレーズがある．小鳥を右肩に乗せて椅子に座っている少女は，足の踵が浮かび上がっている．このことは，きちんと地に足がついていない，大地に足を踏みしめた歩みをすることができない，といったことを表しているのだと推測できる．

　こういったアレゴリー（寓話）には，必ずしも明確な意図が示されることはないが，ポール・ド・マンによると，複数の要素が一続きにつながっているように配置された連続的で物語的なものであり，必ずしも時系列的な流れに沿って並んでいるものではない，とされる[6)]．それは，ごく普通の形式のフィクションもそうだが，なおのこと歴史記述ともまったくかけ離れた象徴を帯びた意味であり，記憶を呼び起こすことによって，まるでそこかしこに光っていた星空に，星座が浮かび上がってくるがごとくに語りかけるようなものである．フィクション，寓話，非人称的な生の呼吸といった領域で，歴史上の真実が現れ，そして願いや望みといった積極的な未来への投影が開かれる可能性をも秘めている．

　ここにおいて，沖縄戦の犠牲者であるひめゆり学徒の証言に，戦争を表現する象徴としての意味，特に若い女性（少女）の象徴性を見つめてみたい．

　沖縄戦を象徴するとされて，米軍と日本軍とに引き裂かれる立場にあった沖

　縄の人々のなかにおいて，ひめゆり平和祈念資料館は，難しい立場にある資料館であると言える．沖縄師範学校女子部・沖縄県立第一高等女学校の生徒222人と教師18人は，米軍の侵攻による日本軍の負傷兵の看護や水汲み，飯上げ，死体埋葬に追われた．その後，突然の「解散命令」から，米軍が包囲する戦場を逃げまどい，ある者は砲弾で，ある者はガス弾で，そしてある者はみずからの手榴弾で命を失った．この「解散命令」からの数日間で100余名のひめゆり学徒が死亡している．こうした状況のなか，学徒動員として教育が戦争を牽引したなか，むしろいかに日本のために命を犠牲にしたか，という愛国的な視点から，少女たちの死を賛美する方向で解釈されるという危惧は，ひめゆり学徒隊が沖縄戦表象の前面に出れば出るほど心配される．実際に，沖縄県内の小学校から大学までの学生が，平和学習に定期的に訪れる，沖縄県平和祈念資料館に比べ，ひめゆり平和祈念資料館には県外の観光客が多く訪れている，という傾向がある[7]．

　しかし，そのひめゆり平和祈念資料館は，『戦争体験を未来につなぐ』という企画展をおこない，次世代に戦争の記憶を継承する取り組みをおこなっている．特に，2017年には，アイルランドのヴェルファストで行われた「国際平和博物館会議」にひめゆりの生存者や博物館関係者が訪れ，そこで展開された展示品などをまとめる企画展を館内でおこなっている．そこでアイルランドからの参加者からは，「生存者が戦争を美化するのではなく，悲惨な体験を共有することを決意し，90歳前後になった現在も新しい世代へバトンを渡す仕事をしていることに非常に感銘を受けた」という意見があり，またカンボジアの参加者から「博物館をつくることが生存者にとっての癒しのプロセスとなったのではないか」といった意見が出された．また，ひめゆり平和祈念資料館が連携をし，館内の企画展で紹介された博物館には，オランダ・アムステルダムの「アンネ・フランク資料館」とともに，韓国・ソウルの「戦争と女性の人権博物館」がある．2012年にソウルにできた，日本軍「慰安婦」生存者の願いを受けて設立された博物館であり，韓国挺身隊問題対策協議会などが設立にかかわっている．

　共通してあるのは，戦争に翻弄された少女たちであったということであるが，こうした戦争にかかわる博物館の課題には，ミーティング・ザ・コンテクスト

として，事実の意味とその背景の関連性を伝えるという使命を引き受けて，特に博物館で伝える立場にある者たちが，リビングリンクのない世代となってきているなか，継承することについて連携するということが確認された．

　何よりも，ここではリビングリンクがない時代になっていくというなかにおいて，「少女」であることの思いや願いがどのように戦争によって奪われていったのか，という意味を想像することに開かれている．

4 - 個人的な体験と視覚表現

　フィクションであることは，決して個人的な体験とは異質な状況などではない．あらためて，表現の世界において，個人的な体験を出発点にしてそこにアイデンティティ，境界，存在といった普遍的な概念を問う作品はある．塩田千春はそういった作家である．

　まず，何よりも驚くことには，塩田の来歴には，徹底した禁欲的な個人体験を通じた芸術ワークショップの経験があるということである．穴ぐらにこもって断食をし，何日間か経ってからふらふらになりながら表現を模索するというワークショップによって，塩田はみずからの知覚と思考を問い直す経験をした，と後に述べている．

　塩田の作品には，性的経験（レイプ／強姦）のあとの状況と見受けられるものがいくつかある．初期のころには，大振りの白いドレスが泥で汚れており，それをシャワーの水で流すインスタレーションがあった．ドレスは人間の5倍ほどの高さを持つゆえ，シャワーも二階から流れ出すといった空間に広がるダイナミックなインスタレーションが特徴的である．

　また，みずからが裸になってバスのシンクに入り，泥の風呂のなかでさらにみずからに泥をかぶり，泥まみれになりながら動作を繰り返すといった映像作品もある．

　それらの作品に通底しているものは，ヴァージニティ（純潔）といった性規範を浮かび上がらせるとともに，性関係に伴う知覚には「汚れた」泥のようなイメージをみずからに課すという女性特有の性規範とそのマゾヒスティックともとれる傾向性が見て取れるのだ．

写真6-2　不確かな旅
出所：筆者撮影.

　気をつけなければならないのは，マゾヒスティックといった欲望を軸にした考え方は，女性への暴力には当てはまらない概念なのではないか，ということである．「慰安婦」（comfort women）という言葉から喚起されることは，決して兵士とその性的対象になった女性たちが対等であったことを意味しない．

　命がけの戦闘に向かう兵士には，性的に暴力をふるうことを是とし，性暴力を防ぐために慰安所が必要だったという論理は，女性がその人生において長年

身に受けた泥をひっそりと保ち，「慰安婦であった」というカミングアウトを通じてさらに無差別的な中傷を受ける危険も引き受けなければならないというその長い過程を無視する論理である．

　塩田は長年の在独生活において，赤という色で表現される血というもののあり方にも敏感であり，それを表象によって喚起する．それは血縁と民族に直結する血の色とともに，女性の月経の色でもあり，旅路における「不在のなかの存在」をそこに見る象徴でもある．あいちトリエンナーレと同時期に東京の森美術館で開催された塩田の展覧会『魂が震える』（2019年6月20日〜10月27日）では，いくつかの小舟から赤い毛糸が空間いっぱいに広がる様が圧巻であり，揺らぎたゆたう小舟がその赤い糸を不確かさのなかで運ぶ姿に切迫したものを感じる．

　こうした体感を喚起させ，個人的領域を見いだす視覚的比喩表現が，地続きで理性との関係を呼び覚ます．

　あるべき世界を述べるのは，カントの実践理性という抽象的で形式的な原理とも言える道徳的要求という領域（法律や制度，そして正義の要求について，ドゥルシラ・コーネルは，この実践理性とのかかわりで考えるところがある）と，歴史的世界のうちにあり（生ける世界でもある），それにある程度の組織的な形態を充てる理性の働き方において考える領域とがある．カッシーラーはその哲学のなかで，形而上学の全歴史は≪感性≫界と≪叡智≫界を根本的に区別することが，その特徴であったと述べる[8]．

　プラトンは，真理と実在が純粋な理念，または形相の世界にのみ見いだしうることを確信し，現象界では真理を見いだすことはできず，そこで見いだされるのははかない影像にすぎないという．しかしカントは，それとは反対に，人間の認識を経験的世界の限界内に限定する．純粋悟性概念，もしくは純粋理性によって得られる事物の認識は，すべて仮象にほかならず，真理はただ経験においてのみ存在する．

　超越因ではなく，内在因としての神について論じたスピノザの，神は自然を越えて，あるいは自然の外にあるのではなく，神と自然は同じものだ，とした論理についても，カッシーラーは差別や変化，あるいは多様性を少しも容れない峻厳な抽象的一者であるとした．

　ここから，二つの異なる秩序，すなわち時間の秩序と永遠の秩序とのあいだには，依然として裂け目，乗り越えがたい深淵が横たわっている，とする．スピノザ哲学には，万物を永遠の相のもとにおいてみることがあり，自然の実在性は蒸発し，もはや自立的な意味をもたない[9]．

　ここから導き出せることは，何よりも≪叡智界≫の実在性として，感性の領域が働きかける現象があり，また言い換えると，生ける哲学が展開され，そこに神話のような言語の機能の変化が起こるということである．

　神話とは，それ自体，「我」と「汝」との結合を初めて可能にし，個人と共同体とのあいだに特定の統一性と特定の対立とを，共属の関係と緊張の関係とを作り出す「精神的総合」のひとつなのである，とカッシーラーは述べる．その意味は，精神の一形式の表象が浮かび上がるということにつながり，そしてそこにともにあることと緊張状態が生まれるということだろう[10]．

　ひとつの表象として言語と宗教を捉えるカッシーラーは，この両者が超感性的なものを感性的に，感性的なものを超感性的に捉えようとする同じ心情のもつ異なった能力として見ており，人間の「理性」はすべて，受動的な「聞き知る働き」でもあり，感性的なものの助けを必要としている，とする．こうして，人間の精神と事物の本質とのあいだにつねに必然的に，その媒介者として，像と記号の世界が挿入されることになる，という[11]．

　テクストとしてアートを読む（解釈する）にあたって重要な，美的な概念を，ポール・ド・マンはカントの『判断力批判』のなかに見いだす．これは，カッシーラーの神話的思考のひとつの読み替えとも言えるだろう．これは，批判哲学とイデオロギーとの因果連関，つまり，純粋に概念的な言説と経験的に規定された言説との因果連関を確証せねばならないという事情に対応している，とする．そして，こうした接合が「崇高」という概念に凝縮されているという[12]．

　　崇高とは，われわれ自身の心的能力の目的論について，より厳密に言えば，想像力（構想力）と理性との関係について教えてくれる．美というものは，少なくとも一見したところ，首尾一貫しているようにみえるが，それとは逆に崇高のほうは，弁証論的で二律背反をはらんだ複雑さに射貫かれている．崇高はある点からみれば限りなく魅力的なものであるが，しか

し同時にまったく不愉快なものでもあり，一種独特な快楽を与えてくれるが，しかしそれはまた一貫して不快な苦痛を与えるものでもあるのだ．

崇高というのは，自然の属性ではなく，意識の純粋に内的な経験でありながら，この叡知的な存在物は現象として描出されねばならない，とカントは繰り返し述べており，自然的なものを超自然的なものへ，知覚を想像力へ，悟性を理性へと置き換える働きをしている．崇高は，またいかなる限界も境界も知らないにもかかわらず，くっきりと象られた全体性として現れざるをえない[13]．

これは，慰安婦の少女像をめぐる一連の美的受容には，こうした二律背反の動態が感じられ，やはり像としての全体性がくっきりと浮かび上がってくるとも言える．想像力によって私たちは，理性によって取り出された抽象概念を翻訳し，さまざまな仮象や心像（イメージ）からなる現象世界のなかへ戻すことができる．決して一人ひとりの証言がジェネラルな抽象的な言語によって包括されるのではなく，理念の受肉化とも呼べる像の呼び覚ます世界が開かれる，ととれるだろう．

5 - 「慰安婦」をめぐる公的言説の環境

あいちトリエンナーレ期間中に，『表現の不自由展・その後』再開に向けて動き出していた矢先の９月26日，文化庁が同芸術祭に対し予定されていた補助金約7800万円を交付しないという決断を下した．全額不交付を決めた文化庁の説明は，終始「手続き上の理由」にこだわり，正しい運営，管理においてであり，展示物の内容については介入しないという立場ということである．総事業費約12億円のうち，６億円は愛知県が，２億円は名古屋市が担い，その他のうちの7800万円が文化庁からの交付金である．担当者によると，少女像などを含む不自由展について文化庁が把握したのは開幕前日の７月31日だったという．愛知県からの詳細な聞き取りができたのは不自由展の中止が決まった８月４日である．そこから，会場の運営を危うくする事態が予想できたのに申告しなかった「手続きの不備」が理由だとしているが，文化庁でも前例はなく，異例

の事態だという[14].

　しかし，明らかに文化的な表現に関して，公的施設で公金の補助によって運営されることが，国によって制限される，ということが示された一例となったのではないだろうか.

　単一の意味に収斂されるわかりやすさには，慰安婦像に「反日」といった象徴を見ることがあるだろう．しかし，自国の戦争責任，特に加害性を問うように見られる表現作品の展示企画に，実現可能性と継続性といういわば企画自体の存立を保証することを国ができない状況は，国際社会において文化交流を促進することができないということを表している．独立行政法人は，通常いくつかの外部の評価委員会を設けている．それと同様に，今回のような展示企画への補助金交付には，外部の第三者委員会に文化の解釈をする専門職に委ねるようなしくみが必要なのではないだろうか.

　〈平和の少女像〉作家のキム・ソギョンとキム・ウンソンは，あいちトリエンナーレ実行委員会，愛知県知事大村秀章会長と津田大介芸術監督に8月10日付でステートメントを送っている．そこには，「日本社会が抱えている不都合な真実かもしれませんが，それを芸術作品として昇華させたのが『表現の不自由展・その後』です．日本の市民が直面しなければならない作品であり，本当に語らなければならない作品です」，とされている[15].

　展示を通じて，反感を持つ人もいるだろう．しかし，日本軍「従軍慰安婦」に対して，その一人ひとりの生まれ，育ちと慰安婦に動員された状況とみずからの人生に思いを馳せる証言に対し，衝撃とともに決して穏やかな形ではないかもしれない共感が生まれる可能性は，否定できないだろう.

　この少女像の座っている椅子の後ろには，影が見てとれる．この影は，水曜デモをしているハルモニたちの姿であるという[16].また，その影の胸に白い蝶がとまっているが，これはすでに亡くなられた被害者たちが生き返って，この場にともにある，という意味を込めたという.

　また，少女像の髪は一見するとおかっぱにも見えるが，毛先がぎざぎざになった少し乱れた髪になっている．これは，無理やり切られてしまったということを象徴して，不揃いな形になっているという．作者は，「慰安婦」として連れていかれる方法というのはさまざまであったと知っていたが，ある女性が，

ある少女が，故郷から，家族から引き離され，他国へ連れていかれ，「慰安婦」にさせられたことは，本人の意思ではなく，他者によるものであることを髪に込めたという．このようにむざんに切られた，ザクザクの髪は，家族とのつながり，国とのつながりを無理やり断たれたことを象徴している．

　少女の隣には空っぽの椅子がある．あいちトリエンナーレにおいても，隣に座ってポーズをとり，写真を撮るなどする鑑賞者は多かった．そういったことをおこなってもよいという雰囲気が少女像からは醸し出されていた．作者の意図は，〈少女像〉は日本大使館の前に建てられることがあり，誰もがここに来て〈少女像〉の隣に座って日本大使館を見つめて欲しいと思って作られたという．同時に，空いた椅子には，亡くなったハルモニたちがここに座って心は一緒にあることを意味するという．

　やはりここでは，日本大使館の前にある〈少女像〉をめぐる歴史的背景に立ち入らざるを得ない．〈少女像〉ができたのは，2011年，20年続いて1000回を迎えた水曜デモを記念し，日本大使館前の通りを平和路と呼び，そこに「平和の碑」を建立して〈少女像〉を設置したということに端を発している．この〈少女像〉は，アーティストが望んだ，多くの人が等身大の少女とコミュニケーションをとり，考えてもらいたいという意図とともに，韓国各地，カナダ，アメリカ，オーストラリアにも拡散し，増え続け，このたびのあいちトリエンナーレにも展示されることとなった．

　2011年の8月には，「慰安婦」問題解決のために努力していない韓国政府の不作為は「違憲」という韓国憲法裁判所判決が出て，韓国政府は「慰安婦」問題のために動き出し，「慰安婦」問題はにわかに日韓両政府の政治課題として浮上した．「平和の碑」が建立された水曜デモの1000回の日の平和路は，3000人もの人の波ができるようになった．この水曜デモには，コンゴから片道3日をかけて性暴力被害者支援をする女性活動家が訪れたり，韓国の基地村で米軍の「慰安婦」にされた女性たちが参加したり，ベトナム戦争時の韓国軍人による住民虐殺被害の生存者たちも訪れ，平和路でハルモニたちに出会った．

　つまり，ここ平和路は，戦争や軍人の性被害に遭った人たちが出会う場所ともなり，無言の〈少女像〉の隣で，無言のまま互いの痛みを分かち合う場となっていたのである．

　2015年12月28日に，日韓外相共同記者発表が行われた．日韓間の慰安婦問題
について，「合意」に至ったというが，内容は次の4点であるという．[17]

(1)日本政府は「軍の関与の下に，多数の女性の名誉と尊厳を深く傷つけ
た」ことの「責任」と安倍晋三首相の「心からのおわびと反省の気持ち」
を表明した．[18]

(2)韓国政府が設立する財団に日本政府の予算で10億円を一括拠出し，すべ
ての元「慰安婦」の「名誉と尊厳の回復，心の傷の癒しのための事業」を
おこなうとした．[19]

(3)韓国政府は，民間団体が立てた在韓日本大使館前の〈少女像〉（正式名称
「平和の碑」）に関し，撤去や移転の対応について「努力する」と表明した．

(4)日韓両政府は，(2)の実施を前提に，「慰安婦」問題が「最終的かつ不可
逆的に解決されることを確認する」とともに，「今後，国連など国際社会
でこの問題について非難・批判することは控える」とした．

　このなかにおける(3)において，在韓日本大使館前の〈少女像〉への言及があ
る．〈少女像〉がどのような意図で，どういった人々の願いを込めて作成され
たのか，といったことを考えると，撤去や移転などと言えるのだろうか，と首
をかしげざるをえない．ベルリンには加害の歴史を刻むホロコースト記念碑が
あるが，[20]むしろ東京のどこかにこそ，加害の歴史を伝える〈少女像〉を設置す
るように積極的な手立てが必要なのではないだろうか．

　それは，決して〈民族の娘〉という少女のあり方ではない，と梁鉉娥は述べ
る．日本軍「慰安婦」問題とその社会運動は，1990年代以降，韓国では「民族
主義の情緒」に基づいて，被害女性を再現した民族主義運動という批判を受け
てきた，という．植民地被支配の経験をした韓国の民族主義は，被害の集合記
憶という強い磁場のなかにあるが，「慰安婦」の経験は，民族独立と国家建設
の周辺部にあった女性たちのことであり，それが現在の韓国市民の熱望を表わ
すシンボルとなっている．それは，「民族の娘」という巨大な言論のなかの他
者ではなく，私の母と祖母，自分自身という主体に転移されて占有されること
を望む，という．[21]

　これは，もし自分が生まれた場所と年代が違っていたら，そこに被害者と

なっていたかもしれないという想像を喚起する意味において，世界に開かれた運動である．

おわりに

　歴史的事実として，朝鮮半島出身で「慰安婦」になった人は，10代が多かった．それは，日本が植民地化のなかで朝鮮に公娼制度を持ち込み，性病を取り締まる視点から，若年の女性を求めていたところと重なる．成人で公娼出身の日本人「慰安婦」が名乗るのが難しかったように，成人で公娼出身の朝鮮人「慰安婦」が多数いても名乗れなかった可能性もあるが，こうした資料はあまりないという．さまざまな証言や資料から朝鮮人「慰安婦」の全体像をみると，その過半数が生年が1920年代が多く，[22] 連行された当時に10代の少女であったことは事実として確認できる．被害者のイメージとして若年の少女ということが強調されているのではなく，歴史的事象として少女がその時に連行されるとはどのようなことだったのか，と想像するために，この「少女像」は存在する．

　あいちトリエンナーレにおいて，出展したアーティストたち，アーティストを目指す人たち，そして多くの市民が連帯して「表現の不自由展・その後」再開を願うデモなどを繰り広げ，実際に再開した．威嚇や脅迫をした犯人も逮捕された．しかし，今回の一連の事件を振り返ると，隣国との歴史を見つめながら普遍的な「人権」を見いだすという思考方法が日本社会には欠如していることを確認せざるをえない．

　「平和の少女像」は，実は平和の歴史を語り継ぐことにおいて，何歩も先を歩んでいるような像ではないか，と思う．韓国国内を越えて各地に同様の彫刻が作られると同時に，エアで作った巨大少女像ができたり，小さな少女像拡散運動として，手のひらサイズの少女像を個人所有する運動が繰り広げられたり，小さな少女像をオートバイに乗せて52か国の日本大使館前で写真を撮る旅に出ている男性がいたり．アート作品は，そこの土地に根差した平和の像というよりも，可動式でどこにおいても鑑賞可能であるという利点がある．また，日韓合意に反対する水曜デモ連帯アクションでは，「少女像」のお面をかぶったコスプレ姿の人も見られた．

　「少女像」は，インスタレーションという意味を込めたものであり，等身大の少女の隣に座って無言で語り合ったりできる．寒い季節には，マフラーを巻いたり帽子をかぶせてもらったり，なかには警官が雨の日に傘をかぶせたりする．

　戦時の性暴力が，現代の日常の暴力に直結して理解される，ということが，こうしたシンボルから浮かび上がることであり，ひとつのイメージ（形象）によって喚起される社会的連帯性の感情につながる．感情の表現とは，感情そのものではなく，あるイメージ（形象）に本質化された情動となり，カッシーラーが述べるごとく，言語は単に表象の代理をする記号ではなく，まさしく情動（アフェクト）や，感性的衝動を表わす情感的な記号であったということにつながるだろう[23]．

　このように，「平和の少女像」は，日本軍「従軍慰安婦」の願いに対する表象であり，さらに世界における戦時および日常における性暴力への批判の表象となる．

注

1）　あいちトリエンナーレ2019 AICHI TRIENNALE 2019 Taming Y/OurPassion
「情の時代」2019年8月1日（木）—10月14日（月・祝）（75日間）パンフレットより．
芸術監督　津田大介（ジャーナリスト／メディア・アクティビスト）．

2）　ヘーゲルにおいて，自己意識の自己確実性という場を設けるために，即自は自己を外化しなければならず，対自的にならなければならない，とされている［Cassirer 1925b：邦訳 12-15］．
"Was man das sinnliche Bewußtsein zu nennen pflegt, der Bestand einer "Wahrnehmungswelt", die sich weiterhin in deutlich geschiedene einzelne Wehrnehmungskreise, in die sinnlichen "Elemente" der Farbe, des Tones usf. gliedert: das ist slbest bereits das Produkt einer Abstraktion, einer theoretischen Bearbeitung des "Gegebenen". Bevor das Selbstbewußtsein sich zu dieser Abstraktion erhebt, ist und lebt es in den Gebilden des mythischen Bewußtseins-in einer Welt nicht sowohl von "Dingen" und deren "Eigenschaften" als vielmehr von mythischen Ptenzen und Kräften, von Dämonen-und Göttergestalten. — (aus/lassen) — 中略— Wie wenig innerhalb dieser Form eine wahrhaft scharfe Abgrenzung des Mythos gegen den Logos errreicht ist,".

3）　NHKクローズアップ現代2019年9月5日（木）22時放送「『表現の不自由展・その後』中止の波紋」より．

4）　ランシエールは，戦争において，再現＝表象的な問いとして，「戦争についていかな
るイメージを作り出さなければならないか」から脱却し，「戦争はイメージに対して何
を行うか」という美的＝感性的問いへの転換を述べる．（日本語版のみのインタビュー
からの引用であり，英語版に相当する箇所が見当たらなかった）［Ranciére 2000：邦訳
122］．

5）　無名者の詩学が作用するのは，多くの場合，既存の修辞学，そして詩的モデルを自分
のものにすること，そして場合によってはそれを流用することによってであり，これは
平等の潜勢力に見合った詩学を構築しようという試みなのである．（同じく，日本語版
のみのインタビューより）［Ranciére 2000：邦訳 118］．

6）　ここにおいてマンは，何かを明瞭に表象するという様式としてアレゴリーを位置づけ
るが，何を表象するか，という点についてはあいまいなままであるとする．
"Allegory is sequential and narrative, yet the topic of its narration is not neces-
sarily temporal at all. ─ (some lines omitted) ─ For it is part of allegory that,
despite its obliqueness and innate obscurity, the resistance to understanding ema-
nates from the difficulty or censorship inherent in the statement and not from
the devices of enunciation," ［de Man：1996：51；邦訳 127-128］．

7）　ひめゆり部隊に関しての論考として Angst ［1997］がある．

8）　ここにおいてカッシーラーは，ヘーゲル哲学の主題が，歴史的および宗教的要素の総
合であり，その相関と相互移入である，とする．
"It is the synthesis, the correlation and mutual penetration of these two elements,
of the historical and the religious, that was the principal theme of his philosophy.
And he was convinced that he was the first to see this interdependence in its
true light. From Plato to Kant the whole history of metaphysics was marked by a
fundamental distinction between the "sensible" and the "intelligible" world,"
［Cassirer 1946：258］．

9）　自然というカテゴリーには，性差を含めた哲学的観念として捉えるべき差異性があり，
それが抽象的一者で統一されることには，違和がある．
"Plato was convinced that truth and reality are only to be found in the world of
pure ideas or forms. In the phenomenal world we cannot find the truth; what
we find here are only fugitive shadows. But Kant took the opposite view. He
confines human knowledge within the limits of the empirical world. "The funda-
mental principle ruling all my idealism is this: All cognition of things from mere
pure Understanding and Reason is nothing but mere illusion and only in experi-
ence is there truth. ─ (some lines omitted) ─ Spinoza spoke of God not as a
causa transiens but as a *causa immanens*. God is not beyond or outside Nature;
God and are one and the same. But even here the fundamental dualism of meta-
physical thought is by no means overcome but only appears in a new shape.
What we find in this Spinozistic God is, according to Hegel, only a lifeless unity.
It is the rigid and abstract One that admits of no differences, of no change or

variety. There remains a chasm, an insurmountable gulf between two different orders: the order of time and the order of eternity. ― (some lines omitted) ― The reality of nature evaporates, so to speak, in Spinoza's thought. Nature has no longer a self-dependent meaning. It is absorbed by the abstract unity of God- by the Spinozistic substance that is in itself and is to be conceived by itself," [Cassirer 1946: 258-259].

10)　ここでのカッシーラーは，共同体感情と共同体生活に関する理念を導き出すという仕方で，神話を捉えており，そこにある緊張とともに，共属という意味も生み出すということは，「少女像」というシンボルが生み出す共同性ということにつながる.
"Der Mytos ist selbst eine jener geistigen Synthesen, durch die erst eine Verknüpfung zwischen "Ich" und "Du" ermöglicht wird, durch die eine bestimmte Einheit und ein bestimmter Gegensatz, ein Verhältnis der Zusammengehörigkeit und ein Verhältnis der Spannung, zwischen Individuum und Gemeinschaft herg-estellt wird," [Cassirer 1925b: 212; 邦訳 336].

11)　言語と宗教が，ただひとつの精神的「意味」という媒体によって結び合わされるということは，「事物」の世界と「意味」の世界とのあいだに，揺れ動く感性的な中間段階があることが示される. Sprache und Religion sind dadurch aufeinander bezogen und aufs innigste miteinander verknüpft, daß sie sich aus ein und derselben geis-tigen wurzel herleiten: beide sind nichts anderes als verschiedene Vermögen des Gemüts, das Übersinnliche sinnlich, das Sinnliche übersinnlich zu fassen. Alle "Vernunft" des Menschen ist als ein passives "Vernehmen" auf die Hilfe des Sin-nlichen angewiesen. So ist immer und notwendig zweischen dem menschlichen Geist und dem Wesen der Dinge als ein Mittleres die Welt der Bilder und der Zeichen eingeschaltet," [Cassirer 1925b: 303; 邦訳 469-71].

12)　カントにおける純粋理性と実践理性の区分を端的に示唆する.
"The distinction directly alludes to the division between pure and practical reason and corresponds to the major division in the corpus of Kant's works. One sees again how the third Critique corresponds to the necessity of establishing the causal link between critical philosophy and ideology, between a purely conceptual and an empirically determined discourse. ― (some lines omitted) ― The invest-ment in the aesthetic is therefore considerable, since the possibility of philosophy itself, as the articulation of a transcendental with a metaphysical discourse, de-pends on it. And the place in the third Critique where this articulation occurs is the section on the sublime," [de Man: 1996: 72-73; 邦訳 174].

13)　崇高とは，一種の怪物，もしくは幽霊（ゴースト）のようなものという意味も現れ，自然界には崇高な対象といったものは存在せずに，意識の内的経験に存する.
"After that modest beginning, however, it turns out that this outer appendage is in fact of crucial importance, because, instead of informing us, like the beautiful, about the teleology of nature, it informs us about the teleology of our own facul-

ties, more specifically about the relationship between imagination and reason. —
(some lines omitted) — Contrary to the beautiful, which at least appears to be
all of a piece, the sublime is shot through with dialectical complication. It is, in
some respects, infinitely attractive but, at the same time, thoroughly repellant; it
gives a peculiar kind of pleasure (*Lust*), yet it is also consistently painful; in less
subjective, more structural terms, it is equally baffling: its knows of no limits or
borders, yet it has to appear as a determined totality; in a philosophical sense, it
is something of a monster, or, rather, a ghost: it is not a property of nature
(there are no such things as sublime objects in nature) but a purely inward ex-
perience of consciousness (*Gemütsbestimmung*), yet Kant insists, time and again,
that this noumenal entity has to be phenomenally represented (*dargestellt*); this
is indeed an integral part, the crux, in fact, of the analytics of the sublime," [de
Man: 1996: 73-74; 邦訳 176].

14)　『朝日新聞』2019年9月27日（金）朝刊一面より.

15)　岡本・金編［2016］に全文掲載.

16)　水曜デモは，1992年1月8日，宮沢首相の訪韓を控えて，日本軍「慰安婦」問題の解
決を訴えて始まった．韓国挺身隊問題対策協議会のスタッフ数名とハルモニたち数名で，
寒空のなか，日本大使館前に集まってスローガンを叫ぶ．その第一歩から，毎週水曜日
の12時になると，女性の人権と平和を願う人々が日本大使館前に集まり，心をひとつに
して，堂々と声を上げてきた.

17)　「日韓『合意』後の動きと〈平和の少女像〉2016年夏——増補改訂版の刊行にあたっ
て」[岡本・金編 2016] より.

18)　これは，1993年の8月4日に発表された河野官房長官の談話の内容を踏襲する形には
なっている．しかし，河野談話には限界があり，そのためには2014年に出版された朴裕
河の『帝国の慰安婦』への批判的視座と日本の責任について追及した鄭栄桓『忘却のた
めの「和解」』を参照のこと．また，2000年の12月に東京で開催された女性国際戦犯法
廷では，国際法に基づく民衆法廷として，戦時性暴力を裁き，昭和天皇の戦争責任を追
及した.

19)　吉見義明によると，政府出資の10億円は，支援金であり，賠償ではないという．つま
り法的責任を日本政府は認めていない，とする．（岡本有佳・金富子編集『〈平和の少女
像〉はなぜ座り続けるのか』Q2 朝鮮人「慰安婦」の特徴は？　日韓「合意」で解
決？）それ以前に民間のアジア女性基金事業があったが，各国の「慰安婦」の人々は受
け取った人もあったが，特に韓国はそこに戦後補償としての意味を見いださず，受け取
らない人が大半であった.

20)　金富子「ベルリンのホロコースト記念碑とソウルの〈少女像〉」[岡本・金編 2016]
より.

21)　梁鉉娥「韓国社会と『慰安婦』被害者の再現——〈少女像〉批判への再批判」より
[岡本・金編2016].

22)　アクティブ・ミュージアム「女たちの戦争と平和資料館」（東京・西早稲田）展示より.

23)　言語は恣意的な規約や，単なる慣習の産物というよりも，直接的な感覚とつながっているものと捉えられている．

"Die Sprache scheint gerade, wenn wir sie zu ihren frühesten Anfängen zurückzuverfolgen suchen, nicht lediglich repräsentatives Zeichen der Vorstellung, sondern emotionales Zeichen des Affekts und des sinnlichen Triebes zu sein," [Cassirer 1925a: 90; 邦訳 157].

第7章　象徴様式の哲学

1 - 道徳的イメージをめぐって

　ドゥルシラ・コーネルは，ジェンダーとセクシュアリティの交差する領域を思考するなかで，カントの超越論的想像力に着目することで，〔イマジナリーな領域〕[1] という概念を生み出している．その背景には，平等に関する思考としてアマルティア・センのケイパビリティの概念をもとに差異のある状況からどのように平等へとアプローチをすることができるのかが備わっている．

　カントの超越論的想像力は，理解と判断にかかわる構想力（Einbildungskraft）[2] と考えられてきたところ，みずからが埋め込まれた像—世界（image world）の形式としての客観性を捉える必要性からコーネルが注目した概念と考えることができるだろう．

　権利というものは，普遍化可能であるが，個々の私たちがそれぞれに性にかかわる存在として自分とうまく折り合いをつけるために必要な道徳的・心的空間として，こうした超越論的想像力が捉えられている．自由な空間のためには，理性をもとにした道徳法則が必要となるだろうが，コーネルもエルンスト・カッシーラーもハンナ・アーレントも着目するカントの批判哲学の『判断力批判』には，道徳的法則とは異質な，合目的性とも言い換えられる自然法則が存在し，その相容れなさを統合し，徳性と自然との和解のために，想像力の媒介が必要とされている．

　エルンスト・カッシーラーの属するとされる新カント学派の流れは，認識における論理の優位性として捉えられるところがあったが，コーネルは，カッシーラーのカント理解から，「対象を感覚的に直観する能力」，つまり感性の先天的な形式性に焦点を当てている傾向がある．

　カントの批判哲学のなかにおける，「物自体（Ding an sich）」は，認識の哲学

を表現する重要な概念であるが，認識可能な「現象」に対して，認識不可能な「物自体」が背後にあり，理性の認識能力を限界づけるとともに，それを可能にもするという［フーコー 2010：ⅲ］．カテゴリーや図式などの助けによって私たちが経験する諸物は，時間的空間的に限定されており，その経験を可能にする条件であった感性的直観が，それ自体のうちに時間と空間という形式を内在しているため，経験はどのようにしてもこの時間と空間という条件を逃れることはできない．しかし，自然や世界を含むような宇宙などは，経験の対象が位置する場所であるが，時間的空間的規定を持ち得ず，直観的には経験し得ないが，その存在を否定することはできない．このような経験する対象とは別の次元の存在を物自体（叡智界）とカントは呼ぶ．

　こうした「物自体」という領域の意味が開花するのは，実践的な倫理の場面に相当するだろう．定言命法のような，誰もが守らなければならない無条件の倫理的原理はあるが，それは人格の尊厳や権利といった領域として考えられる．しかし，コーネルはカントのうちには，道徳法則が要求するものについての積極的な描出として美的な理念を用いることには慎重であるべきだという理由があるとする．想像力は幸福への欲望に焦点を当てがちであり，それゆえに定言命法による要求から私たちを遠ざけてしまう，という．また崇高さについても，自然の偉大なる力を前にして私たちに崇高さの感覚を与えるのは，まさに，私たち自身の人格の尊厳に対する想像力の失敗にある，という．[3]

　しかしながら，このような想像力への過度な期待を懸念しながらも，カントには両義性も見いだせ，この両義性のなかで，カッシーラーは象徴様式に着目していく方向を見いだしたのだとも言える．コーネルが，カントの理論知の限界という控えめな理解から，これが世界だと認識している世界は，私たちが自分自身に対して表象しているものによる，という理解をしているところに，カントの両義性のあり処があるとも言えるだろう．

　またコーネルは，マルティン・ハイデッガーが存在の哲学で着目した身体化（embodiment）と壊れやすさ（fragility）の概念にも着目し，人間は，身体化されるだけではなく，世界を形作るために用いられる言語や他のシンボル形式のなかで，それを通じて自己自身に至るという，世界の描出（darstellen）と表象（vorstellen）による世界の到来という存在論を認めている．コーネルが「イマジ

ナリーな領域」によって示唆した美的なこととは，私たちは何者であり，そして何になるのか，ということを想像する行為であり，私たちの身体的な自由の描写も含まれている，という意味においてである．性的差異を理由とした立場づけや，性的差異が帯びる性格の固定化が，たとえば女性の肉体のもとに生まれてきたという理由で劣位であることを運命づけられているとか，ゲイやレズビアンは自然に反するといった論理でなされることは，カントの精神には反するのではないか，とコーネルは論じている．

　性にかかわる存在というのは，受肉した有限の生き物としての私たちのことである．表現されたセクシュアリティを理由として，その人から一人の人間としての平等な地位を現実に奪い去ってしまうような社会的実践（それが法的なものであろうとなかろうと）を禁止するということは，コーネルが格下げ〔原理〕として備えているものである．

　コーネルは，ジャクリーン・ローズの指摘を受けながら，女性にとっての道徳性の大部分は，フェミニンなセクシュアリティについての制約的な諸観念と結びついているゆえに，他者によるイマジナリー（想像的＝構想的 imaginary）なイメージのもとでそれ自体がどのように道徳的負荷を持つのか，を考察する必要を述べる．すでに課され，そして実際にも象徴化されているものであるイマジナリーな領域を通じた際，そこでの闘争にあたって，イマジナリーがもっている遊戯性を加味しながら，可能性としての再度の象徴化が示される[4]．

　これは，カントが「現実性」と「可能性」との区別を見いだしたところに，始まりを見ることができよう．こうしたシンボルの再解釈の作業は，世界の道徳的ヴィジョンへの倫理的コミットメントとして，カントの『判断力批判』からは考えられる．

　第Ⅱ部で展開された，エヴァ・ヘッセの女性性をイメージされた空間作品，前章の従軍慰安婦を象徴する少女像の世界観は，具象的な道徳的ヴィジョンを投影することができるだろう．

　コーネルが，カントによって始まったコペルニクス的転回は，カッシーラーにとってシンボル形式の複数性の尊重へとつながるものだと述べる時，ヨーロッパやアメリカによる世界の支配は，政治的にも，倫理的にも，哲学的にも挑戦を受けており，ポスト・コロニアルな状況性において，こうしたシンボル

の再解釈が担う可能性は，計り知れないものがあると言うことが同時にできるだろう．

　また，コーネルがカッシーラーに着眼した解釈の特徴として，象徴様式に見るフラジリティ（感性）の表象がある．マルティン・ハイデッガーからもエマニュエル・レヴィナスからも相対主義者と批判されているカッシーラーには，普遍性への志向がないか，と問うと，そうではなく，象徴様式を通じた言語の普遍的汎用性といった言語論的展開がある哲学を展開しているのだと述べることができる．またそれは，啓蒙と道具的理性にかかわる近代性に対し，そこまでの近代のプロジェクトを保持しようとせず，そこまで高度な理性の形式として近代性を捉えなかったということがある．むしろ言語の活性化に宿る豊穣な具体性によって，傷つきやすい存在がシンボルの領域において蘇るという倫理的ヒューマニズムが存するのである．

　コーネルが何度か立ち返る，アマルティア・センが「人間の精神の小型化を憂う」のに対し，カッシーラーの言語に宿る意味の豊穣さは，私たちの創造性に対する理解を広げていくことにもつながる．

　また，ここにこそ，自由のパトス，自己エンパワーメントという激しい感情との接点も見いだせる．本書で展開しつつあるエンパワーメントのあり方には，シンボルの領域を通じた人間の精神の展開を見ることができるだろう．

2・シンボルを操る動物

　エルンスト・カッシーラーの『人間』は，亡命先のアメリカにおいて『国家の神話』とともに唯一英語においてまとめられた最晩年の作品である．カッシーラーは新カント学派という領域に位置づけられるところがあるが，実際に古典的社会学者のゲオルク・ジンメルによってカント哲学に目を開かされたところもあり，科学的認識の成立過程を跡付けた『認識問題』や『実体概念と関数概念』などの刊行，全十巻から成るカント全集の編纂に携わっている．亡命前にはハンブルク大学で10余年を過ごしたが，そこにおけるワールブルク文庫との出会いにより，主著『シンボル形式の哲学』全三巻を完成させた．『人間』は，この『シンボル形式の哲学』の縮約版といった見方もなされるが，近代的

ヒューマニズムへの批評的知見の存在のなか，なぜあえて「人間」という自己認識にこだわったのか，という点も捉えられるところである．後半生を亡命の旅路で費やされたカッシーラーが，アメリカにおいて後世に託す「人間」の知的形象を見ることもできるのではないか．

　カッシーラーがなぜ「人間」にこだわるようになったかという問いは，2000年に出版されたマイケル・フリードマンの『道の分かれ目』（*A Parting of the Ways*）のなかで取り上げられた，スイスのダヴォスで1929年に行われた国際高等教育課程のセミナー，会合及び講義に関する議論に端を発する．ここにおいて，ルドルフ・カルナップ，マルティン・ハイデッガー，エルンスト・カッシーラーの対比がなされたが，フリードマンにおけるカッシーラーの見方には，ワイマール共和国を理想化している点，新カント学派の「悟性の超越論的図式」に忠実である点，さらに経験的世界の見方に相関性がある様式として象徴様式を捉えている点が表されている．カッシーラーが経験的世界の方法として文化の事実を捉えた点は，ハイデッガーの存在論の現象学的な方法とは別様の「超越論的」方法であったと示されている[5]．

　これからは，このような文化の哲学とも言われるカッシーラーの思索が後世に残す思考をもとに，その一端の象徴様式が示す理性批判の面に着目したい．フリードマンは，このダヴォス会議が持つ意味が，分析哲学と大陸哲学の分岐という文脈で捉えているところがあるが，そこにカッシーラーには社会政治的背景が薄く，近代哲学的な理想主義に傾いているという見方が現れている．

　カントの超越論的哲学をどのように継承し，乗り越えるかという意味がそこには敷かれているが，カッシーラーの象徴様式に現れる「知覚した感覚印象をシンボルへと構成する人間の精神的な力」（2011 齊藤伸）を捉えることで，文化批評のひとつの様相を見ていきたい．

　始まりのところから展開したドゥルシラ・コーネルのカッシーラーの見方を，性差の表象の路線において位置づけるために，再度確認したい．コーネルは，カッシーラーをカントの影響を受けている批判理論を展開しているとし，超越論的想像力の重要さに着目している．その際に，正義の原理から導く道徳的判断の過程において，ジョン・ロールズの原初状態を注視し，仮想的な自己を，経験論に調和する形を見いだすには，想像力が役割を果たしている，とする．

想像力には，媒介的な機能があり，道徳形而上学の問いを，日常の欲望や自然的な傾向といかに関連づけるか，という美的＝感性的な理念にかかわるものとして考えることができる．コーネルは，フェミニズムやジェンダー・セクシュアリティの議論において，「イマジナリーな領域」概念を示唆しているが，そのベースとして，私たちとは何ものであり，そして何になるのか，ということを想像する行為は美的＝感性的理念を必要とするという文脈において，カントのうちに見られる世界の道徳的イメージと共鳴することを述べている．

　コーネルにおけるカッシーラーのシンボル様式は，不可避的な複数性と無限の変容可能性があり，あるシンボル様式が他のシンボル様式を凌駕して特権的な空間となることを拒絶し，さらにヨーロッパ中心主義に収斂していくことを解きほぐす視点を内包しているものとして受けとめられている．

　フリードマンがカント的啓蒙主義の図式にある，数学，自然科学，道徳と法，文化とアート，歴史と宗教といった分野にまたがる知の認識論において，生の哲学をはじめとする新しい論理を分岐点から見いだそうとしたことにおいて，やはりヨーロッパ的「ヒューマニズム（人間性）」の問題が浮上するだろう．しかし，ジョン・マイケル・クロイスが述べるように，カッシーラーは，決して哲学の通史学者ではなく，歴史性の哲学者である，という点において，理性のプロジェクトの危機を見据えていたところがあるのだろう．

　カッシーラーの『人間』において着目されるところに，人間をシンボルを操る動物だとする定義がある．異なった形而上学的体系において，つまり観念論と唯物論，精神主義と自然主義といったあいだには，その中核にシンボリズムの問題があるという．サイン（合図）及びシグナル（信号）とシンボル（象徴）との違いも明らかにしなければならない．動物がわずかの変化にも反応する現象と，シンボル的で人間的な言葉を理解するまでは，なお距離がある．動物の知性に対し，人間のみが新しい形式のもの，つまりシンボル的想像およびシンボル的知性を発展させたと言うことができる．

　齊藤伸は，カッシーラーの言語論に影響を与えたヨハン・ゴットフリート・ヘルダーとヴァルヘルム・フォン・フンボルトの言語論のなかに，人間と動物との境目を見いだしている．ヘルダーには，すべての動物に見いだされる「自然言語」に対して区別され得る人間の「理性的言語」，及び自然からの「自由」

を獲得しているゆえに展開する「内省意識」があることを，フンボルトには，精神の「総合的な働き」が言語形式のなかにあることを，提示している［齊藤2011：18-31］．

　ヘレン・ケラーの先生であるサリヴァンは，ヘレン・ケラーが人間の言語の意味と機能を真に了解はじめた精確な日を記録した．

> 「彼女は，どんな物も名をもっているということ，そして，手のアルファベットが彼女の知りたいと思っている，あらゆることに対する鍵であるということを学びました．……その朝，彼女が顔を洗っていたとき，彼女は水という名前を知りたいと思いました．彼女が何かの名前を知りたいと思うとき，それを指して，私の手をそっと叩くのです．私は water と綴りました．……〔その後で〕私たちはポンプ小屋に行きました．そして，私はヘレンに私がポンプをおしている間，水の出口の下に，コップをもたせておきました．冷たい水がどっと流れ出てコップを充たしたときに，私はヘレンの，何も持っていない方の手に，water と綴りました．手の上にかかってくる冷たい水の感覚に，直接結びついてきた，この言葉は，彼女を驚かしたようでした．……[8]」．

　カッシーラーはヘレン・ケラーについて，ある物，またはある事と，手のアルファベットのある種のサインとを結合することを学んでいたゆえに，これらのサインと若干の触覚的印象のあいだに，固定した連合が樹立されていたとする．人間の言葉の真の姿と意味を了解させるためには，そこにすべての物が名前をもっていること，というシンボル機能を了解しなければならないとする．シンボル機能は，個々の場合にのみ制限されているのではなく，人間思考の全領域に及ぶ，普遍的適用性の原理たるものである[9]．

　サインまたはシグナルは，「物」に関係し，固定的かつ唯一の方法で「物」に関連しているが，シンボルは，一般的であるだけではなく可変的に同じ意味をさまざまな言語で表現することができる．

　言語における感性的表現と精神的表現の絡み合いが示されるのは，空間的直観に関して，であるという．意味の領域は感性の領域とまったく切り離されているわけではなく，両者はきわめて密接にからみあっている．カッシーラーが

認識批判として述べているところは，感覚の世界から「純粋直観」の世界へ歩み出ることが認識構成上の不可欠の契機であり，つまりは自我概念ならびに純粋な対象概念の一条件である，としており，この歩みは言語のうちに正確な鏡像を有していることになる[10].

　ここには，カントの純粋悟性概念の感性的直観への適用，感性的な「超越論的な図式」が見いだされる.

　空間図形としての感性的概念の図式は，ア・プリオリな純粋構想力の所産であり，いわばそれによって，またそれに則ってはじめて形象が可能になるような略図であるという. 形象が概念と結びつけられるには，つねに形象がその特徴を示しているこの図式を介さねばならないのであり，形象それ自体が概念に完全に適合することは決してない[11].

　言語における空間的関係とは，映像によって撮られた関係に近似しているようであるが，カッシーラーが述べるソマリ語におけるある現象にはそれが如実に現れている.

　ソマリ語には最後の母音によって区別される三つの型の冠詞があるが（_a, _i および _o ［または _u］），そのうちのどの形を用いるかを規定するのは，話題になっている人または物が語り手に対してもつ空間的関係であるという[12].

　語り手との距離感及び見えているか見えていないか，によるという. 空間的直観には，「超越論的な図式」が見いだされ，そこには可変的で多様なパターンがつねに創り出されているとも言える.

３ - 神話とフラジリティ（感性）

　カッシーラーとハイデッガーは，それぞれに互いの批評を『シンボル形式の哲学』第２巻「神話」および『存在と時間』において展開している. その主眼点が文化の定義にあたるものだと言えるだろう. ハイデッガーは，第11節「実存的な分析論と未開な段階にある現存在の解釈，『自然的な世界概念』を獲得することの難しさ」において，明らかにカッシーラーを念頭において，文化人類学の意味を問う姿勢を示した. 哲学において，「自然的な世界概念」という日常性の分析の前提となる理念が明確に確立されていなかったことを指摘しな

がら，自然的な世界についての日常の経験が先行するという見解が循環してい
る，という．「日常性は未開性とは異なるものである」［Heidegger 1927: 51］.
（『存在と時間2』p 51, Alltäglichkeit deckt sich nicht mit Primitivität.）という一文に
込められている内容は，多様なものを一覧表にまとめるところでそれを了解で
きるか，という批判と，世界像を秩序づけるための現存在の構造を洞察する必
要性を示している．

　カッシーラーは，神話の客観性という角度から，現存在の構造とは異なる文
化の定義を暗示していると言うことができるであろう．

　ハイデッガーの指摘においては，この神話的な現存在について，解釈の基盤
となるカントの『純粋理性批判』の構成とその体系的な内容が見取り図として
役立つかは疑問だとしており，カッシーラーによるフッサールの現象学的地平
への言及に活路を見いだしている．

　そこでは，フッサールの現象学が精神の「構造形式」の差異に注意を向け，
心的な「作用」と，そこで志向されている「対象」とを厳密に区分したことが
決定的に重要である，とされている．[13]

　この箇所は，神話的なものの世界を絶対者の本質から解き明かそうとするわ
けでもなく，またそれを単に経験─心理学的な諸力の戯れに解消してしまうの
でもないような，神話的なものの第三の「形式規定」に関係するところである．
それが，人間の意識という作用主体に一致するなら，経験的生成やその心理学
的発生条件の問題とは別に，神話的意識の形式を問うということになる．

　のちに『国家の神話』において，カッシーラーは，「現代の政治的神話の技
術」の章において，ハイデッガーが新しく作り出した用語である人間の被投性
（Geworfenheit），つまり時間の流れに投げ入れられているということが，人間
の状況の根本的で不変的な特徴であるということが，歴史的条件を受け入れな
ければならないという解釈ができることから，人間の文化生活の建設や再建に
積極的に寄与する望みをすべて断念してしまっているような哲学だと示してい
る．このような哲学は，みずからの根本的な理論的・倫理的な理想を放棄して
いる，としている．[14]

　こうしたカッシーラーの形象と概念とのかかわりあいは，フラジリティの近
代性として把握できるものである．

　啓蒙主義の思想には，終わりない近代性のプロジェクトがかかわり，啓蒙に潜む神話の否定的な力にドゥルシラ・コーネルとケネス・マイケル・パンフィリオは，その前にある脆い生へと思いを馳せる．カッシーラーは，『象徴様式の哲学』において，真理の主張やそれ自体からの正しさといった産出として，近代性の定義を示したわけではない．しかし，私たちは，すでに象徴様式の網の目の世界に埋め込まれており，私たちの自由は，決して自己産出を通じて，ではなく，この象徴様式の一部として多様性があり，生気を与えられているのだ，という．こうしたカッシーラーのユートピアニズムについて，ある意味では懸念される面もあるが，間違ったダーウィニズムと考えられるリスク回避と富の最大化に還元された人間性から逃れるために，象徴様式の表象はカントの人間性の理想として捉えられる[15]．複数性を含みこんだ象徴様式のあり方が，画一化された近代性との対比によって捉えられるだろう．

4‐生と精神

　また，カッシーラーは，生の概念を従来の形而上学の存在概念ならびにその「存在論」から区別して，みずからの充溢と運動性がある，生の過程それ自体の契機を意味として持っているとする．形而上学上の問題として，「存在」と「生成」，「単一性」と「複数性」，「質量」と「形式」，「魂」と「身体」の対立をひとつの統一的な主題にするよう導くところに，この「精神」と「生」の関係はある．象徴様式の哲学では，《所産的様式》と《能産的様式》とを区別し，両者のあいだの相互作用を，精神的な生それ自体の振り子運動とする．

　たとえば，神話という形式に目を向けるならば，神話を単に直観形式あるいは思考形式としてではなく，根源的な《生の形式》として把握することによってのみ，神話という形式，すなわち客観的な「意味」と客観的な形態化において神話が包含しているものを理解できるのである[16]．

　ここにおいて，カッシーラーは，精神的なものの根本的なテーゼとして否定性を証明する必要性を述べる．精神のみがなし得る確証と自己証明の形式，つまり精神を不断に自己自身において分裂させようとする当のものが，つねに新たに精神を自己自身へと連れ戻す．この一において二であるものこそ，精神の

本来的な運命と精神の本来的な働きを示しているからである．これは，理論的な自然認識の統一性，その分節と体系が依拠している諸概念，諸命題は，決して単純に経験から引き出されてはいず，論理的に経験に先立つのだ，というアプリオリなものの働きに近づく．諸々の「事実」からなる経験的世界との不断の接触，ならびにそこから理論的形式がこうむる不断の反作用のなかではじめてそれ自体が展開する，理論的形式はこうした可塑性を持つことで，認識される．

　こうしたカッシーラーの傾向を捉えながらも，亡命先のアメリカでは，カッシーラーの翻訳全集や研究書が主に編まれたが，カッシーラーの読まれ方は民族学，文化人類学の，民俗誌を読むという視角であり，ハイデッガーとの確執がある文化の定義という捉え方が必要となる．アメリカの文化人類学は一方で国際政治の開発戦略とも結びついていたという点を考慮すると，未開社会とハイデッガーが名指す文化の哲学にはらむ，近代性と理性の批判的側面を見ていく必要がある．

　英語圏では，主にカッシーラーの作品をハイデッガー及び論理実証主義から見てあまり重要視することはできないとする捉え方があるが，ドゥルシラ・コーネルは，シンボリック様式には新しい人間性の萌芽があるという政治倫理的側面を読み取っている．全体主義国家への批評，ポスト・コロニアル社会への批評的視座を内包するものとして，カッシーラーの思考には豊穣な水脈が見いだされる．

注
1）　コーネルの発案する「イマジナリーな領域」は，美的な理念であり，カントに由来する美的な理念を借用したものとなる．ここには，普遍化可能な権利はすべて，それが保護しようとしていた身体的自由（somatic freedom）には反することになろうとするフロイトが抱え込んでいたジレンマに対するコーネルの解決策がある［Cornell 2008: 20-21］．
2）　対馬美千子は，ハンナ・アーレントの『カント政治哲学の講義』や『精神の生活』の読解を通して，構想力（imagination）の働きは，「脱感覚化の働き」（the de-sensing operation）であることに着目する．美的なものとは，知覚において快を与えるのではなく，表象において快を与える，すなわち直接的な現前によってわれわれを触発する感覚対象を除去し，表象のなかで心に触れ，触発する対象を準備する．これによって，感

覚的には不在であるものを精神に現前されるという精神の再現の能力が可能となるのである[対馬 2016: 251-53].

3) "In the case of the sublime it is precisely the failure of the imagination to the dignity of our own personhood that gives us the sense of our sublimity before the much greater forces of nature. Thus, there is certainly within Kant reason to be wary of the use aesthetic ideas as positive representations of what the moral law demands. ―some lines omitted― Kant's distrust of the role of the imagination in moral theory is precisely that it tends to focus on our desires for happiness and therefore takes us away from the demands on us of the categorical imperative. ―some lines omitted― In like manner, of course, the imagination is given a central role in presenting a moral image of the world that unites teleological ideas with natural and moral purposes. The reconciliation between virtue and nature does indeed demand the mediation of the imagination so that we can project out the historical goal, ultimately envisioning the final purpose of nature as the freedom of humanity," [Cornell 2008: 30-31; 邦訳 51].

4) "Indeed, so much of morality for women, as Rose also points out, is tied to restrictive notions of feminine sexuality. ―some lines omitted― First, to recognize the psychoanalytic insight that who we are and even our most primordial sexual formations take place through the imaginary images that others have us and that these imaginary images themselves can always be morally loaded. But, even if we begin our own struggle to become who we are as sexuate beings through an imaginary that is always already imposed, and indeed symbolized, we still can at least as a matter of possibility rework those symbolizations. ―some lines omitted― Second, I choose the word *imaginary* to emphasize the playful role of the imaginary in the affirmative aesthetic play of our own bodies and sexuate being that allows us to reenvision and act out ever increasing differentiation in our sexuality," [Cornell 2008: 15; 邦訳 23-24].

5) "Cassirer, in general, is acutely aware of the methodological problems Heidegger raises for the philosophy of symbolic forms. Cassirer is especially concerned to differentiate his distinctively philosophical approach to the historical and comparative study of human culture from all forms of empirical ethnology, anthropology, and psychology. The basis for such a differentiation is Cassirer's appeal to a generalization of Kant's "transcendental method". Just as Kant, on the reading of the Marburg School, began with the "fact of science", but then no longer remained at the merely factual level in inquiring into the conditions of the possibility of the fact, so Cassirer, in the philosophy of symbolic forms, aims to do something closely analogous for the "fact of culture", ―(some lines omitted)― And it is precisely in thus beginning from the "fact of culture", of course, that Cassirer's "transcendental" method differs from Heidegger's "existential-phenome-

nological" method," [Friedman 2000: 132-133].

6) Rawls never wrote of the veil of ignorance as an aesthetic idea, but I am suggesting here that his insistence on the role of the veil of ignorance in Kantian moral theory in accord with empirical theory is exactly the kind of role Kant allows for aesthetic ideas in giving shape to the great ideas of reason that can never be conceptualized. From the very beginning of his work Rawls is explicitly concerned with the role of the imagination as a way to shape the noumenal self so it can rest in accord with what he calls empirical theory. (-some lines omitted -) If we can imagine a just world based on our freedom, then we can at least potentially explain how imagination plays a crucial role in explaining how actual phenomenal beings can be motivated to justice. In the third *Critique*, Kant s concerned with the same problem that Rawls constantly returns to: how can we relate the categorical imperative to our "natural inclinations" and our everyday desires? This is precisely the question integral to aesthetic ideas, and therefore I want to suggest here that we can best understand Rawls's insistence on the mediating function of imagination through Kant's third *Critique*," [Cornell 2008: 28-33; 邦訳 47-55].

7) "The emphasis that is placed throughout this work upon the historicity of being demonstrates once and for all that Cassirer was a philosopher of historicity and not a historian of philosophy," [Lofts 2000: 10].

8) "She has learned that *everything has a name, and that the manual alphabet is the key to everything she wants to know.* ⋯ This morning, while she was washing, she wanted to know the name for "water". When she wants to know the name of anything, she points to it and pats my hand. I spelled "w-a-t-e-r" and thought no more about it until after breakfast ⋯ . [later on] we went out to the pump house, and I made Helen hold her mug under the spout while I pumped. As the cold water gushed forth, filling the mug, I spelled "w-a-t-e-r" in Helen's free hand. The word coming so close upon the sensation of cold water rushing over her hand seemed to startle her (Helen Keller, *the story of my life*, New York, Doubleday, Page & Coo. 1902, 1903)," [Cassirer 1944: 34].

9) "Helen Keller had previously learned to combine a certain thing or event with a certain sign of the manual alphabet. A fixed association had been established between these things and certain tactile impressions. But a series of such associations, even if they are repeated and amplifies, still does not imply an understanding of what human speech is and means. In order to arrive at such an understanding the child had to make a new and much more significant discovery. It had to understand that *everything has a name* — that the symbolic function is not restricted to particular cases but is a principle of *universal* applicability which encompasses the whole field of human thought," [Cassirer 1944: 34-35; 邦訳 81].

10)　"Vor allem ist es die räumliche Anschauung, an der sich dieses Ineinander des sinnlichen und des geistigen Ausdrucks in der Sprache durchgehend beweist. - Auch hier trennt sich die Sphäre des "Sinns" nicht schlechthin von der der "Sinnlichkeit", sondern beide bleiben aufs engste ineinander verwoben. Der Schritt von der Welt der Empfindung zu der der "reinen/Anschauung", den die Erkenntniskritik als ein notwendiges Moment im aufbau der Erkenntnis, als eine Bedingung des reinen Ichbegriffs, wie des reinen Gegenstandsbegriffs aufweist, hat daher in der Sprache sein genaues Gegenbild," [Cassirer 1925a: 149–150; 邦訳 249].

11)　"ein Produkt und gleichsam ein Monogrann der reinen Einbildungskraft a priori, wodurch und wonach die Bilder allererst möglich werden, die aber mit dem Begriffe nur immer vermittelst des Schema, welches sie bezeichnen, verknüpft werden mussen und an sich demselben nicht völlig kongruieren," [Cassirer 1925a: 152; 邦訳 252].

12)　"Das Somali besitzt drei Formen des Artikels, die sich durch den auslautenden Vocal (-a, -i und-o [resp. u]) voneinander unterscheiden. Das Bestimmende für die Anwendung der einen oder anderen Form ist hierbei das räumliche Verhaltnis der Person oder Sache, von der die Rede ist, zum redenden Subjekt," [Cassirer 1925a: 158; 邦訳 260].

13)　"Es gehört zu den grundlegenden Verdiensten der Husserlschen Phanomenologie, daß sie fur die Verschiedenheit der geistigen "Strukturformen" erst wieder den Blick geschärft und für ihre Betrachtung einen neuen, von der phychologischen Fragestellung und Methodik abweichenden Weg gewiesen hat. Insbesondere die scharfe Trennung der psychischen "Akte" von den in ihnen intendierten "Gegenständen" ist hier entscheidend," [Cassirer 1925b: 16; 邦訳 49].

14)　"Heidegger had to coin a new term. He spoke of the *Geworfenheit* of man (the being-thrown). To be thrown into the stream of time is a fundamental and inalterable feature of our human situation. We cannot emerge from the stream and we cannot change its course. We have to accept the historical conditions of our existence. We have to accept the historical conditions of our existence. We can try to understand and to interpret them; but we cannot change them. I do not mean to say that these philosophical doctorines had a direct bearing on the development of political ideas in Germany. Most of these ideas arose from quite different sources. They had a very "realistc" not a "speculative" purport. But the new philosophy did enfeeble and slowly undermine the forces that could have resisted the modern political myths. A philosophy of history that consists in somber predictions of the decline and the inevitable destruction of our civilization and a theory that sees in the Geworfenheit of man one of his principal characters have given up all hopes of an active share in the construction and reconstruction of man's cultural life. Such philosophy renounces its own fundamental theoretical and ethical ideals. It can be used, then, as a pliable instrument in the hands of the political leaders," [Cassirer 1946: 293; 邦訳 500-501].

15) "Cassirer, given his own philosophy of symbolic forms, could not give a definition of modernity as that which generates truth claims and rightness out of itself. We come to a world already embedded in a web of symbolic forms, and our freedom is not through self-generation but through the versatility and vivification that are a part of symbolic forms. If Habermas is becoming increasingly worried about utopianism, Cassirer profoundly argues that utopian thinking inheres in the rich symbolic world of human beings. (-some lines omitted-) For Cassirer, the world image of his time that mistakenly reduced human beings was that of a misguided Darwinism, one still found in certain strands of social biology. In a certain sense, then, the respect for utopian thinking is connected to another ethical message in Cassirer: respect for the plurality of symbolic forms as integral to the Kantian ideal of humanity," [Cornell and Panfilio 2010: 92-93].

16) "For instance, if we consider the form of myth, then we can only understand myth's objective "meaning" and objective forming activity not by just conceiving it as a form of perception or thought, but by conceiving it as an original "form of life"," [Cassirer 1996: 19; 邦訳 25].

第 IV 部
「自然」とジェンダーの交錯

第 8 章

呼吸するコミュニティ・アート
——植物的生物としての私たち——

は じ め に

　「自然の営みを理解する」ということはどういうことなのだろうか？　この問いかけは少し奇妙に聞こえるかもしれない．それは，「自然」という言葉の定義自体があいまいでありながら，形容詞（「自然に〜」）にすることによって，たぶん人間の触手ではつかめない世界に言及しているとともに，人間の身体の動きや行為を表現する言葉でもあるからである．そうであるにもかかわらず，「自然」という言葉は社会において重要な位置を占めており，人々はその言葉のもとに動作をおこない，規則的に変化し，またそれを観察するのである．ここからは，むしろ自然に働きかけ，対峙する人間の側が問われているのかもしれない．

　また，こうした角度からは文化や社会における女性の役割に関する問いかけが引き起こされてくる．ジェンダーの社会構築性とは，私たちが気がつかずにむしろ「自然に」おこなっている行為等において，そこにこそジェンダー規範が働いていることを暴く側面を持っている．

　2004年10月に行われた『アポリアの森・世界の眺め』という現代美術の展覧会は，このように〈自然〉をひとつのテーマにし，15名の地元のアーティストが参加したが（それも男女ほぼ同数であった），その展示場所も含めて美術館における展覧会とは異なった様相を呈した．筆者自身も，企画からかかわり，当時NPO職員として働いていたつながれっと NAGOYA（名古屋市男女平等参画推進センター）における開催に漕ぎつけることができた．この会館は，市行政と NPO が協働でおこなうという日本でも初めての試みとして注目をされているところであった．この会館は，以前は「勤労女性センター」という名称であり，1986年施行の男女雇用機会均等法の影響を受けた時代背景のなかにおける，働く女

性に焦点を当てた目的を持っていたところから，男女共同参画社会基本法の時代背景から，より女性の差異と平等に対する問いを引き出す方向へと移行した前史を持っていた．また，女性にのみ着目するというところから，男女ともに，さらにセクシュアル・マイノリティや，外国籍の人々，障害者といった人々が生きやすくなるための社会資本としての会館という目的の広がりがあった．つまり，いくつかの多様な境界線が存在し，それによって差異をつねに引き起こすという空間でもあった．

　このような会館の存在は，1999年の男女共同参画社会基本法の立法のもとで女性の社会参加の促進が積極的に行われるための中心拠点という意味があるが，同時にクラシックなフェミニズム（女性解放思想）が持つ「個人的なことは政治的だ」という命題をそこにすべて解消してしまう感がある．それは，政府の政策と個人的な生，市民社会と NPO などの市民運動のなかでの出会いとともに衝突とも取れる．

1 - コミュニティセンターとしての会館

　「個人的な」ことが公共空間においてどのように表現されるのか，という点にこだわりを持つと，実は多種多様な表象空間になっていることにあらためて気づかされる．しかし，人はほぼ一律の強い呼びかけ（号令／命令）に呼応する形で心身ともに行為する方向に動かされる．そこにこそ，行政政策の統治と市民活動の活性化という二大命題がぶつかり合うアポリアが存在するのであろう．公共の空間においては，公共政策によって統治されると見なされる私的領域の境界は，個人が社会的自己実現というものとしてその私的領域をつかむことで挑戦されうるものと考えられる．

　このコミュニティセンターとしての会館は，社会における女性の参加を積極的に推進する中心となる場所であり，1999年の男女共同参画社会基本法という日本社会の家父長制に対するフェミニストの理論化に応答し，女性の解放という必要性に基づいて成立した法によって施行された．男女共同参画社会基本法は，英語に訳すと "The Gender Equality Law" であるが，その西欧近代的流れを汲む「平等」の基本的な概念から翻訳されているとはいえ，ともに参加を

促すという意味に転化している．男女共同参画社会基本法は，「女性と男性が
共にすべての社会領域において，活動に積極的に参加する平等な機会を与えら
れ，政治，経済，社会，文化の利益を，責任を負うともに享受することができ
るようにする」という理念を持っている．この法のベースに規定されている
ジェンダー平等社会とは，女性と男性がともに人権を尊重されることが基礎と
なっており，そこには，個々人の男性と女性のそれぞれの尊厳を尊重すること
が含まれ，ジェンダー的偏見に基づいた差別を男性に対しても女性に対しても
禁じている．平等な権利という言語の醸し出す強調と，日本政府の，男性と女
性がともに個人としての能力を充分に行使する機会を促進するという誓いにも
かかわらず，フェミニストとして考えるとその法に実現されている平等という
ヴィジョンにいくらかの疑問を抱くこともある．

　いくつかの予知が特に不安となって現れる．たとえば，毎年リニューアルし
ている男女共同参画白書¹⁾における家族生活と職業生活，その他の活動とにおけ
る両立，つまりワーク・ライフ・バランスについて触れている箇所では，
「ジェンダー平等の社会が促進されることにより，女性と男性は世帯内のメン
バーとして，家事全般や子育て，家族成員の養育を互いの協力と社会的支援に
よってその役割を遂行するとともに，これ以外の活動もできるようになる」と
している．しかしここでは，未解決の伝統的なジェンダー化された労働，つま
り性別役割分業について掘り下げてはいないとともに，国家が介入するヘテロ
セクシュアルな結婚の特権的な地位のことについては何も触れていない．

　実際に，シニカルなフェミニストの読みにおいては，この法の対象とするの
は，家庭内におけるケア労働の責任を十全にこなしながら，有償労働のシステ
ムにおいて参加できる有能な女性を求めているのではないか，と見ることがで
きよう．

　法の施行は，社会生活への女性の完全な参加への法的障害を取り除くことに
焦点が当たっており，公的空間における女性の発言を後押しすることになって
いる．こうした価値ある努力のなかであっても，やはり社会規範や社会的期待
のなかには私たちを特定の存在様式へと圧縮し，固定化するものがあり，変化
は阻まれ，ヒエラルキーのある社会関係は自然であるとされる．ジェンダーの
規範に挑戦すること，ジェンダーのヒエラルキーを脱自然化することは，ジェ

ンダー平等における社会の公正さを実現するためにこの会館を使用するフェミニストの主要な観点となっている.

　たとえば,この会館のコーディネーターや企画スタッフとして一員だった筆者は,ドメスティック・バイオレンスに対処する企画プログラムや,日本人と同様な市民権を享受できない移住労働者や,性の多様性についてのプログラム,セクシュアル・マイノリティの抱えている必要性についてのプログラム等に携わっていた.

　『アポリアの森・世界の眺め』展は,アートを通じたオルターナティブな追究という面があると言えるだろう.それは,伝統的な社会規範にも挑戦し,コミュニティの期待を越えて,多様な人々が法の前の平等の境界を押して交接する空間を創出する,という試みでもあった.

　「自然」というテーマを追究することによって,私たちはどのように社会規範が自然化されるのか,画一的な精神的・身体的応答を引き出す秩序や命令のような機能を社会的促しがなされ,どのように人間の身体において自然化されるのか,といったことを照らし出せるという望みを持つことができる.この展覧会は,差異を分節化し,多様な視点に重きを置き,公共空間が多種多様な表象の様式を調節することができるということを示した.特に,空間が異なった人々が集う場合に使用されるという時に示される.

2 - 空間の広がり

　この『アポリアの森・世界の眺め』展では,ことさら女性アーティストのみに参加したわけではなく,ジェンダー比も約半々であり,キューレーターは「歓待する」イメージを持ったアーティストにお願いしたという.

　まず驚いたのが,視覚,触覚,聴覚などを呼び覚まし,通常の知覚を中断させるような空間の使い方である.まず,会館の玄関を入ると,大きな桃の木の絵が来館者を迎えてくれる.人の手が入った,インドアの自然が結び付く.

　日本語において,「境界を超える」ということは,たとえば「屋外」と「屋内」といった空間に法が敷かれていることを指す文字通りの言葉において意味が内包されている.言語に固く埋め込まれている境界は,屋内の仕立てられた

木々の呼びかけといったこうした視覚の表情が示す向き合い方にかかってきているだろう.

　他のアーティストの作品には, 視覚に対する感覚に由来する文化を混乱させるような触覚に基づくものがあった. 客観化する凝視には, いつも必ずそばにいる生き物に対する見方と同じような視点がアート作品へと浸透する. 見方として男性的とも言いうる, 痛みを伴う仕方を通じて, 凝視は私たちが今ここで経験している現在時を凝固させる.

　玄関ホールから交流ラウンジにかけての空間は, 会館が貸し部屋をしているなかで, 料金のかからないフリースペースであり, 訪れる人たちが視覚の優位に頼るのを止めて,「触る」という感覚を研ぎ澄まされるような, 作品が並んでいた.

　床に砂を敷き詰めてその上に青い満月のようなものが浮かぶようにした絵画作品, 畳の素材でできていて床の座布団に座れるようになっている作品, カフェの陳列台に無造作におかれたミニカー付きの工場のような組み立て箱などがある. 親密感や遊び心が触発され, 子どものような目線になって近づく感覚を持たせてもらえた. ここからは, 典型的な論理や空間関係のあり方を拒み, 問いかけにさらすようなつながりが見えていた.

　当該会館の交流ラウンジは, 以前体育館として使用されていたため, 通常の建物の部屋に比べて天井が2倍ほど高い, まるで直方体のボックスのような形が特徴であるのだが, 普段は講演会やカフェ, 子どもの遊び場としての利用のみであり, 上方には視線が向かない. しかし, 展覧会のあいだ, 人間の背丈では手の届かない天井近くの上方が, アート空間となった.

　天井近くに展示された作品は次のようなものだった. 人間の大きな片方の眼球の絵があり, そこに訪れた人を見返しているようでもあった. また, 写真や新聞切り抜きなどを黒色にコピーした紙を張り巡らした作品, まるで記憶や事件の真相をネガのまま見つめているようであった. さらに, カラフルで夢のある色彩が目に飛び込んでくる, Jump と名づけた飛び込み台と緑の芝生の絵. またスタッフをしていた筆者も「あれは何?」と何度か聞かれたこともある, 体育館上方の梯子段がある隅のほうに, まるで寄生しているような薄いピンク色の方眼紙でできた張子の立体作品などが連なっており, 人の目を上方へと

誘った.

　こうした作品からは，まさにシュルレアルな効果が与えられ，天井近くへの
人々の視線を移行させ，混ぜ合わされた多様な様式を通じて感覚を研ぎ澄まさ
せる知覚を揺れ動かすのである.

　展示された作品のなかには，他にも，「鳥からの目」を意識させる，認識を
ひっくり返され，まるで広い世界を眺めているようなものもあった. 人間で
あったらたぶん巨大なサイズに適するだろう，岩か石のような形で造られた建
物や橋が並ぶ，ミニチュアの街が登場した. 緑の色彩が添え色になっているの
も映えていた. また，観る者がワインレッド色のカーテンからそこを覗いてい
る白く，人型をした人形の誘いを受け，目の前に広がるミニチュアの美術館が
あった. これらの作品は，固定化や大きさの概念を内破するような力を秘めて
いた. 訪れた者たちは，こうした驚きの知覚によって今ここからあちら側の世
界に連れておこなってもらえるような，宇宙の物理的法則を免除された気分を
味わうだろう.

3 - 社会とのつながり

　ここが社会とのつながりのなかにあるのだと確認させてくれる一方で，その
社会とは何か，という問いを喚起する作品もあった. 化学薬品の名前を読み上
げていく音声作品. それは，その声の単調な繰り返しによって，むしろささや
きながら注意を喚起されているような気分になってくる. 正常性を保存するよ
うな人工的な道具だてを称揚する，これまた正常な身体的機能を保存する，そ
うした薬品名なのである.

　また，作家が自分の今まで育った記憶を呼び起こすモノを床に並べる作品.
日常使用する道具やアルバムや書籍といったものが，日常存在の必要性や記憶
の自然とは何か，を問いかけるしかけになっていた.

　鳥の声や木々のざわめきなどを響かせた自然の営みと自己の記憶をつなぐよ
うな映像作品，また，当該会館で使っている赤いポストとまったく同じポスト
を作品にしてそこに実際に手紙を送り続けるユーモラスな作品，ギリシャ伝説
のシシュプスのように繰りかえすという行為がおかしみに転じたところがある.

　こうした作品から導かれることは，決して日常から遊離したところにある美なのではなく，また日常に美を宿すという形に固定化するのでもない．その代わりにヴァルター・ベンヤミンが言う「芸術の耽美主義化ではなく，芸術の政治化」［ベンヤミン 1995：629］という意味へと連なるような，日常のなかにすでに織り込まれている潜在形式としての「アート（技芸／芸術）」なのであろう．この1930年代にベンヤミンがファシズムの芸術の政治化に対して警鐘を促したことに比して，日本のなかにおけるフェミニストの芸術の政治化という視点からは，自己の現実化という面があるだろう．

　自己実現という言い換えもなされるが，その可能性についてこの会館に関与するフェミニストの人々は，「普通の」という固定化された境界と多様な人々のニーズとを考慮することでその境界を越えようとするところがあったのだろう．

　この交流ラウンジのカフェは，知的障がい者の授産施設によって運営されており，店員もその職員と障がい者自身がやっている．カフェに立ち寄った人，施設の部屋を使った後にここで一息つく人など，また子どもも立ち寄って，この場自体が新しい出会いの場となっている．こうしたなかで，普段なら日本の社会で街中になかなか出て来ることができず，社会的エンパワーメントを求めてこの会館に来る人々が，別の立場の人々と出会うという試みにもなっていたと言えよう．

　交流ラウンジを出てエントランスにかけ，女性が鏡を通じて自己と向き合うような絵画作品も並んだ．暗いトーンにバラの花のようなものや自画像のような丸みが表面に浮き上がる作品，捕らえて離さない視線を持つ女性たちとそれをロマンチシズムにしてしまわないキャプションの言葉とのコントラストがある作品，女性の激しい痛みのなかに凍結されていく作品など，訪れる人の意識とひと続きなのだということが確認された．

　一方で，展示された作品には自己との葛藤が見いだせるものもあれば，できるだけ自己の痕跡を消去しようとしていたものもある．あえて自己の痕跡をできるだけ薄めるしぐさのなかにも何かが生まれていると教えてくれる作品．木目でできた交流ラウンジの壁に同じ素材でうっすらと浮かび上がる，格言のような魅力的な一文が，目を凝らすとそこはかとなく散りばめられている．また

緑を基調に相似形をデジタル加工した自然の写真作品も並び，反復の面白さに
気づかされる．

　この男女平等参画推進センターで開かれた展示会を通じて，私たちは美術館
や博物館に来館するだろう人々を越えて人が集まるということを考えさせられ
た．

　展覧会を見るために訪問する人々にも，そうではない他の目的で立ち寄った
人々にも，そこで働く人々にも，アーティストたち自身にも，幾重にもなる意
識を持つことが要請されたのだろう．「開かれ」と「自閉」は表裏の関係に
なっており，この会館の通称である「つながれっと」（Let's networking）は理想
を掲げる場であることを意味するが，同時にこの展覧会を通じて自己の境界に
挑むことは容易ではないと意識させられた．カフェの利用や講演会の実施のた
めにアーティストの作品を動かさざるを得ない場面も何度かあり，作品が定位
置から動かされることに，アーティストたちは神経を使わざるを得なかったと
思う．アーティストも，会館スタッフも，それぞれに独立した自己と確立され
た役割の境界を揺るがされることは難しいであろう．こうした自己の揺れは来
訪者，来館者にも見られるものであろう．

　ともすれば，展示とは標本のように一律に同じような加工を施して陳列する
ものだという意識に馴らされている私たちは，自己の境界が揺れ動かされるこ
とに対して懐疑的である．「個人的なことは政治的だ」ということは，自己の
境界に立ち続け，狭間で表現をし続けることでもあるだろう．ここには「客
観」とは何かという問いも含まれている．私たちが用いる言葉には，たとえば
カフェの運用のときなどに，「目的内使用」か「目的外使用」といった縦割り
行政がそのまま日常生活を分類してしまうような言葉があり，つねに「つな
ぐ」より「区切り」を，「あいまいさ」よりも「同じか違うか」を求められる．
行政や国家の統政という直線的な関係に埋め込まれた権力は，範疇を分類し，
市民と外国籍住民，健常者と障がい者，男性と女性，異性愛者と同性愛者とい
う境界を敷いてしまう．線を引くことによって，同じか違うかを迫り，つなが
りを育むような余地を残すことの努力を諦めてしまうのである．

おわりに

　何かを「客体化」する視線が持つ，潔さと痛みとが絡み合う，射抜くような強さは，いまここで経験している時間のリアルさを凍結させてしまうこともある．

　この「アポリアの森・世界の眺め」展が全体的に緑のトーンを持ち，安らぎやくつろぎ，気散じといった休息の雰囲気のなかに包まれていたことは，五感を解き放ち，今ここのリアルな時間を享受する快楽に身を委ねることを可能にさせていたのだろう．地域の人々が会合などで利用するコミュニティセンターという役割を担い「男女平等」という社会的正義の実現を掲げたこの会館は，ドメスティック・バイオレンスに対処するカウンセリング・センターを設け，筆者自身も外国籍住民やセクシュアリティの多様性に着目したイベントを意識的に心がけていたが，コミュニティにありながらその中で既存の社会的規範を内破していく推進力を秘めていたとも言える．

　「男女平等」という歴史上の必然から来る正義の内奥にある森のような静謐なうねりに耳を傾けてみると，そこには誰をもがかかわりを持ち，誰をもがつねにすでに囚われているものがある．身体に息づいた模型とも言うことができるだろう．しかし，それは，少しづつ変化し，変容し，振動し続けているのである．まるで，植物的生物のように．

　注
　1）次のウェブサイトを参照（http://www.gender.go.jp/, 2022年12月23日閲覧）．

第9章 ファブリック製品とジェンダーに配慮した生産
——フェアトレードの試みを通じて——

はじめに

　フェアトレードは，南と北という資本主義世界システムの開発経済のなかで，オルタナティブな経済を発案し，志向する試みと述べてもいいだろう．公正な貿易や格差を生まない経済システムとして捉えることもできる．

　フェアトレード（連帯貿易，草の根倫理貿易）の歴史は，開発経済のなかで別様の経済活動を志向することで60年余り経つ．コーヒーや紅茶やチョコレート，果物といった産品と同様に，手織物や染物といった布製品の衣服や小物類がフェアトレード産品の主要な製品となっているが，それは作り手の多くの女性たちの生産者グループを支援するしくみにもなっている．

　本章は，ほぼすべてがハンドクラフトである布製品の生産と流通と消費にどのように社会倫理的視点が影響し，実際に販売が行なわれているか，また布の象徴作用による物品や空間の意味変化を問い直すことを目的とする．

　もともとはチャリティ活動や国際協力の活動として行なわれ始めたフェアトレードだが，途上国の生産者に先進国との貿易機会を設け，生産者の受取額を圧迫する仲買人の支配を通さないオルタナティブな貿易組織が誕生したことが発端となる．

　この過程のなかで，日常の営みとして布織物，刺繍製品といった工芸品などに携わる人々が，自助グループを組織して販売のための活動を始めたことがある．こうした営みと先進国の買う選択という倫理活動がどのようにつながるのか，またオルタナティブな経済活動としての位置づけがフェアトレードから導き出せるのか，を考えてみたい．

　地域のコミュニティにおいても，もとは奴隷貿易の港であったイギリスの港町がフェアトレード・タウン[1)]としてフェアトレード産品を町の商店に置くこと

を推し進めていたり，こういった活動が日本のなかにも広がりつつある．フェ
アトレード・タウンとは，フェアトレードを広げるために，市民団体をはじめ
行政，企業，商店，学校など地域社会が協力して自治体とともに進める街のこ
とである．世界には，ロンドン，ローマ，パリなど1400以上のフェア・トレー
ド・タウンがあり，日本では熊本市が2011年にアジア初のフェアトレード・タ
ウンとなった．その後，2015年に名古屋市も，地元議会による決議が済み首長
による意思表明もあり，フェアトレード・タウンとなった．フェアトレード・
タウンになるための基準は，運動推進団体が発足していること，地元でも認知
度が高まっていること，地元の企業や団体，学校，市民組織が賛同しているこ
と，地域の経済や社会の活力が増し，絆が強まるように地産地消やまちづくり，
地域活動，障がい者支援などのコミュニティ活動と連携していること，フェア
トレード産品が買える地域の店（商業施設）が増えていること，地元議会によ
る決議と首長による意思表明が行われていることである．

　こうしたタウンとしての営みは，コミュニティの閉塞感の扉を開き，伝統技
術を受け継ぎ，地域の活性化をおこなうことが，モノの交感の次元において為
される可能性がある．

　またこういった空間編成が，布製品とどのように融合し，象徴作用が働くか
を考察し，今後のコミュニティのあり方のひとつの展望としての意義も考えた
い．

　筆者はこれまで，タイの移住女性が観光産業等に誘引され，性産業に従事す
る移動労働の実態とそれへの支援活動に関与していたが，こうした実態へのオ
ルタナティブな生産としてファブリック製品の営みがなされていたこと，そし
てこうした製品が国を越えた国際協力の位置において重要な活動とされ，その
販売が先進国でなされていたことを通じて，それがフェアトレードであると認
識したという経緯がある．

　第三世界の近代化の過程には，自然，手仕事，音楽などの変化において機械
的方向性が伴われる．こうしたなかで，大量消費物の生産へと駆り立てられる
方向で人々の移動も誘発され，資本統治の集中が成されていくが，そのなかで
自然のリズムを取り戻すことが，社会正義を通じた活動としての NGO や
NPO のエンパワーメントの取り組みにはあったと少なからず述べることがで

きる.

　このような経過において，特に筆者が関与していたアジアからの移住女性が活動として布製品を製作していたことは，この自然のリズムという営み，もしくはサステイナブル（生存維持，自給）生産という呼び名に近似していた．しかし，もう一方において小規模のフェアトレード団体による販売を越え，大企業がフェアトレードに関与するということは，こうした製品の生産のされ方も変化していく，ということを意味していた．もちろん，人文社会科学において「自然」の冠が付く形容詞には，一定以上の留保が必要なことは言うまでもない．近代性の社会構築において，自然が更に捏造されるという解釈も必要である．

　NGOのグローバル・ヴィレッジのフェアトレード部門が株式会社として独立した「ピープル・ツリー」では，その衣料品の大半はインド北西部グジャラート州の小規模農家のネットワーク「アグロセル」の原綿（オーガニック・コットン）が使用されている．その農家の95％は機械をほとんど使わず，手作業で耕作，収穫しているという．フェアトレードの割増金と合わせて一般のコットンの価格に最大30％を付加した金額で売ることができて，各工程に多くの人がかかわる必要があるために雇用を生み出せるという．化学肥料を使用した場合は薬品を散布するのみだが，オーガニック農法の肥やしを使う場合には，肥やしを作るために2日かかり，トラクターの代わりに牛で畑を耕すためには2日〜2日半かかる．また，化学的な農薬を使わずとも，農地の一部に天然の虫除けの木もあるという．こうした農法とともに，織り手や染色職人，刺繍職人ともに手仕事をして1000人以上の雇用を生み出している．

　本章はこうしたフェアトレードの営みを生産者の組合とともに，消費者の行動に関しての営みをも掘り起こそうとしているが，こうしたなかで，フェアと呼ばれる社会公正の懸け橋が成立するのか，また自然のリズムという方向も成り立つのか，探求したい．

　そのために，タイ，パヤオ県のチェンカム郡，メータム村にあるバーントーファン（Baan Tho Fan）という洋裁プロジェクトの取り組みを見ていくことにする．

1・フェアトレードと国際協力

　国際開発や国際協力分野のなかでフェアトレード団体とそのしくみに関する公正貿易についての解説は多く見受けられるが，やはり経済活動としての社会倫理をジェンダーと近代性の観点から見いだす必要性もあるだろう．ゆえに，規模と多寡においてのみはかるのではない社会倫理を問い直す可能性を重視していきたい．

　フェアトレード団体であるピープル・トゥリーの創始者サフィア・ミニーがフェアトレードファッション（倫理的衣服）に関する提案の書を出版している．ブランドファッションや最近のエシカルファッションの流れとのかかわりから，フェアトレードの衣服がどのように生産者の生活を守るしくみに貢献することができるのか，またその服を買い，着る人々の行為がどのようにフェアトレードとつながるのかについても未知数ではある．日本では，ネパールの生産者団体とのフェアな取引を1990年代からおこなってきたネパリバザーロや，フィリピンやバングラデシュの国際協力 NGO が果物や布製品のフェアトレード団体も兼任するようになったり，神戸の AWEP という女性の自立支援の団体がフィリピンを中心とした女性の布製品の販売をおこなっており，日本の国際協力の道筋においてフェアトレードを進めてきた背景がある．それとともに大企業が扱うフェアトレード製品と認証制との対比も必要となるだろう．

　フェアトレード認証は，1989年に設立された WFTO（世界フェアトレード機関）に加盟し，生産者の労働条件，賃金，児童労働，環境などに関して基準を満たしていることを認められた団体が取得できるマーク，1997年に日本の組織を含む14のフェアトレードラベル認証機関を束ねる組織としての FLO（国際フェアトレードラベル機構）の基準を満たしたマークと二種類の認証制がある．これは，コーヒーや紅茶や食品に多く用いられ，比較的小規模の NGO 団体が扱う布製品や小物には適用されていないというしくみになっている．先述した NGO 等では，独自で開拓した販売ルートや支援者，客層に対して提供するには，認証制に通じないほうが都合がよい場合も多いという．

　こうした世界貿易額では0.01％に満たないとされるフェアトレードの活動

の一方，現在 TPP（環太平洋戦略的経済連携協定）の交渉が進められている中，デイヴィッド・リカードの比較優位理論にもとづく自由貿易の推進は，同時に世界貿易システムとして地球規模の経済をすべて覆うのだろうか，という問いが生じる．オックスファム・インターナショナルは，一握りの先進国が世界貿易システムを支配しているがために，格差は増大しているとしている．

　リカード流の自由貿易論に対する経済学者にフリードリッヒ・リストがいるが，国の関税による保護主義を，社会機構・制度，宗教的道徳などを考慮に入れて理論化した．ただ，保護主義は，19世紀末からのドイツにおいて，始まりにはイギリス帝国に対する通商的施策から，自国の民族主義的な支配の温床となる面が見られた．保護主義は，「消費者」よりも「市民」を重視する，左派ないしは中道左派の平等主義的自由主義が見せる経済的な相貌であることを示してもいるという［トッドほか 2011］．

　フェアトレードが誕生した背景には，開発経済のなかでの先進国開発援助からの脱却といった側面がある．地球市民としてある倫理的消費を伴う生産者への配慮という面があるだろう．

　2013年4月にバングラデシュのダッカにおいて，衣料品工場が入るビルが倒壊し，1000人を超える労働者の死亡，2500人以上が負傷したという事故が起きた．ヨーロッパのファストファッションの生産拠点という建物でもあり，労働環境と生産現場の環境のあり方を浮彫りにした．事故後の5月には，バングラデシュ衣料品産業労働者組合やその他の NGO が働きかけ，大手の多国籍ファッションブランドが工場の安全基準を守る責任を持つ「バングラデシュ安全協定」に署名することにもつながった．

　大量生産の現場に飲まれることなく，生産者が自立し，協同組合を作り，地域における医療制度や教育制度，社会保障制度の充実を図るという方向性を図るしくみとして，フェアトレードを目指すことがより強調されてきたとも言えるだろう．

　その一方において，主に新自由主義を信奉している論者からは，生産者を農業や付加価値が低い活動に閉じ込めているのではないか，貧困削減に本当に寄与するのか，認証にあたって不正はないのか，消費者の選択の幅を狭めるのではないか，といった反論も出ている．

　フェアトレードの始まりは主に慈善事業として第三世界からの移民の人々が製作した日用品等を販売したこと，国際連帯として一次産品を支援すること等の歴史があるということを考慮すると，こうした批判自体が出る場とは別の支援体系として見ていくべきであろうし，産品の価値についてはそれ自体がフェアトレードの重要な論点である．

　確かに，認証制ができたことで広く知られるきっかけになり，またタウン化することでも，グローバルな実情のなかにおいて公正な生産を支持する産品を地域のなかで知っていくことになるだろう．

2 - ソーシャル・ビジネス

　インドの植民地解放と民族的運動のカリスマ的指導者としての側面も持つモハンダース・カラムチャンド・ガンディーは，糸紡ぎ車の主張として，機械の使用による近代的工業生産への反対，農業村落の失業への対策を打ち立てた．独立運動に結実する大衆運動を導いたスワデーシー運動[2]は，インドの都市に住む人々に対して，外国製品よりもインドの製品を，工業製品よりも村落工業の製品を消費するよう奨励するものであり，手紡ぎ車を使って村人が紡いだより糸で織られた服を着るよう勧められていた．

　アジット・K・ダースグプタはこうしたスワデーシー運動の道徳的基礎として，ガンディーは倫理的選好という概念を提供しているとしている．本質的には個人の福祉が最適に達成されるのは，主流の経済理論が示すように，一般的な予算制約のみを条件として多様な欲望の満足度を最大化しようとすることによってではなく，むしろ，ある人が，さまざまな欲望について熟考し，それらの中から選択しようとすることによってである．隣人の原理というものは，スワデーシーの観点からの倫理的選好の解釈に直接影響を与える．それは，地域の製品が手に入るときはいつでも他所から輸送された製品より選好されるべきだというものである［ダースグプタ 2010：41-43］．

　　「ベンガルが，インドの他の地方や外の世界を搾取することなしに自然で自由な生活を送ろうとするのならば，とうもろこしを自らの村落で栽培

するのと同様に，衣服もそこで製造しなければなりません」．（ガンディーの言）

そこでは，隣人の原理は愛国心とも言い換えられる．価格や品質よりも，財の束に対する個人の選好の順序がここに敷かれる．

地域の製品を購入することが道徳的責務であるというガンディーの教義には，保護主義的意味があるが，そもそもガンディーは自由貿易に特に忠誠を誓ったわけではなかった．外国との競争を免れた国は存在しないという事態のなか，主権国家は，補助金と関税によって自国の保護すべき産業を守って発展してきたことをガンディーは指摘している．

しかし，消費者が倫理的選好を実践することは，それが自発的なもので，ゆえに非暴力の原理と調和するためにより良い解決策であり，貧者の利益となる可能性がいっそう高いともいう．倫理的選好の原理と調和する消費行動は，外国貿易から生じる経済的便益を破壊するのではなく，国家の健全な成長を導き，それゆえに物質的，道徳的進歩を促進するという［ダースグプタ 2010：46-47］．

ガンディーは，原則としてすべての国産品にこうした議論を適用する一方で，村落工業の製品だけを選び出し，特別扱いをしている．そのなかでも，カッダル（チャルカーとも言い，手紡ぎ車で村人が紡いだ糸で織られた服）は最高の位置付けをされ，スワデーシー運動は主に消費者にカッダルを着るよう奨励する方策と見なされるようになった．

また，ガンディーはそれが慈善の問題ではなく，「純粋に商業的な事柄」であることを強調し，それはある人が消費の束を選択する際に倫理的選好を実践することだけであった．これは，都市の人々が村人たちに負っている負債を支払う適切な手段として，手紡ぎ糸の布地を使用するということである．ガンディーの見積もりではインドには一年のうち少なくとも４か月は仕事のない貧者が多数おり，インドの人口の４分の３がこの範疇に属しているため，この貧困状況，農村の失業に対する解決策として布地を使用することを打ち出した．農村は季節労働であるうえに，ひとたび不作や飢饉が起これば，非自発的失業の程度は一層大きくなり，多くが飢えや病気で亡くなった．

糸紡ぎは，半飢餓状態で半雇用状態の無数の人々に，飢餓に対する保険とと

もに，パートタイムの雇用手段を提供した．ガンディーは，糸紡ぎを村落の職人に対する雇用の手段というよりも，主として農業に対する補完産業とみなしていた．

　糸紡ぎ以外にも，牧畜や機織りも代替産業とされていたが，多数の農村住民が習得可能で容易，低費用の設備だけが必要となる糸紡ぎが，もっとも有効な経済的手段とされたのだった．

　しかし，都市住民へ村落手工業品の展示会などを通じて普及への道筋が立てられたが，カッダルの需要は最初の激増ののち，劇的な上昇を見せることはなかったという．工場制布地は，商品を宣伝するための独自の代理店と固有の方法を持っているが，カッダルのための市場は存在しなかった．ゆえに，村落での手紡ぎの布地を増加させようという努力が成功をおさめたような国内各地では，売れ残りの在庫が溜り始めたという．

　このようなガンディーの思想実践には，現在のフェアトレードの源流となるような発想方法，また慈善よりも倫理的選好というビジネスにつながる側面を抉り出していると言えよう．同時に，独立民族運動というナショナリズムのなかで追求されていく経済実践が，フェアトレードには敷かれている地球市民的倫理という現在の価値観と連動しうるのか，という問いかけが必要となる．グローバルな課題を解決する新たな経済システムとして見られる，ソーシャル・ビジネスとも言い換えることができるだろう．

　ソーシャル・ビジネスとは，ほぼすべての民間企業を指す，利潤を最大化する従来型のビジネスとも，慈善的な寄付に頼る非営利組織とも異なる新しい事業形態である．ソーシャル・ビジネスは，利潤追求の外側にあり，商品やサービスの製造・販売など，ビジネスの手法を用いて社会問題を解決することを目的とする．企業の社会的責任（Corporate Social Responsibility：CSR）とも混同されやすいが，利潤最大化企業が地域社会に貢献するために確保している慈善基金等は，病院や学校に資金を寄付したり，貧しい子どもたちに奨学金を提供したり，地域の浜辺や公園の清掃活動のスポンサーになったりするのであるが，それによって消費者への企業のイメージアップをはかることが目的となっている．それに対し，ソーシャル・ビジネスは，貧しい人々の経済的・社会的な境遇の改善など，よりよい社会づくりに直結しているという．

　以上がグラミン銀行の創始者，ムハマド・ユヌスのソーシャル・ビジネスの見方である．グラミン銀行は，貧困者の顧客を対象に，ベンガル語で「村の銀行」を意味し，バングラデシュの全国的な銀行となっている．800万人の借り手のうち，97パーセントが女性であるという．男性の借り手よりも女性の借り手のほうがはるかに家庭に利益をもたらし，まっさきに子どもの利益につながり，貧困から抜け出す意欲が強いという．バングラデシュの農村部の女性に融資をすることは，社会全体の貧困と闘う何よりの方法であるという．こうした少額の無担保融資は世界中に広がっており，ニューヨーク市でも「グラミン・アメリカ」というプログラムが実施されており，シングル・マザーが多く含まれる地元の女性の小事業開始，既存の事業拡大に役立てられている．

　アメリカで活動されて広がった試みとしてフード・バンクがあったが，期限切れの食品やへこんだパッケージ，ラベルを間違えた商品など，売り物にならない食糧をスーパーマーケットから寄付されて，お腹を空かせた人々に配給していた．しかし，2009年秋には，アメリカの多くのフード・バンクが寄付不足を訴えた．そうした「売り物にならない」商品を定価の3〜4割で買い取る新しいビジネスが生まれ，中間業者が買い取った商品を格安店に販売し，格安店は通常価格よりも大幅に値引きして売るという．ここから，利潤最大化企業の善意を頼りにして貧しい人々のニーズを満たすことはある意味で危険でもあり，利益と人間のニーズが対立すれば，勝つのは利益のほうで，人間のニーズは二の次にされてしまう点を考慮にいけないとわかるだろう．

　バングラデシュで行われたグラミン銀行は，単なる金融サービスではなく健康や社会問題にかかわるようになり，グラミン関連企業ができていったという．子どもたちに不足しがちな栄養素が詰まったヨーグルトを提供する企業として，フランスの乳業会社との合弁で設立した「グラミン・ダノン」，バングラデシュ全土に近代的な通信・技術を届ける「グラミン・テレコム」と「グラミン・フォン」などがある．グラミン銀行の借り手たちは，銀行から借りたお金で携帯電話を買い，テレフォン・レディとなり，電話を持たない村人に通話ベースで電話サービスを販売している．このプログラムで40万人以上のテレフォン・レディが生まれた．家庭用ソーラーシステム会社としての「グラミン・シャクティ」，さらに，家庭用コンロやバイオガス装置の稼働も開始され

ている．医療サービスの「グラミン・カルヤン」は，グラミン銀行の借り手や村の住人たちに低価格で良質な医療サービスを，54の診療所の運営，健康保険プログラムなどでおこなっている．漁業，畜産財団の「グラミン・モーショー・オー・パシューサムパッド財団」は，政府機関のずさんな管理によって瀕死状態にあったバングラデシュ北部と西部の約1000か所の養魚場を管理しており，2009年時点で3000人の貧しい人々が携わり，年間2000トンの魚の水揚げの半分近くを代金の代わりに受け取っている．2000年には畜産プログラムが追加され，研修，ワクチン，獣医医療などの提供もおこなっている．酪農業を始める貧しい女性の支援や既存の酪農業の改善や拡大もおこなっている．幼児教育クラスなどを通じてグラミン銀行の借り手の子どもたちに教育提供をする「グラミン・シッカ」は，奨学金プログラムを設立し，2009年までに2500人の子どもたちに提供している．手の込んだ綿の織物や衣服を生産するバングラデシュ伝統の手織産業を復興・近代化する目的で設立された織物会社である「グラミン・ウドーグ」は，地元の織り手たちが新しい織物製品を「グラミン・チェック」という統一ブランド名で国際市場に販売する支援をおこなっている．裸足で感染病にかかる子どものためにも必要な靴の提供の「グラミン・アディダス」，情報技術・通信技術提供の「グラミン・インテル」，ドイツのBASFとグラミンの合弁事業で防虫処理を施した蚊帳の生産，水のヒ素汚染に対し，フランスの水事業会社との合弁で飲料水を提供する「グラミン・ヴォオリア・ウォーター・カンパニー」などもある［ユヌス 2010：31-68］．ソーシャル・ビジネスは，持続可能であり，顧客，販売店，地域住民に大きなメリットをもたらすという面があるが，所有者や資本投資家に配当金がないという面は経済的利益ではなく，社会的利益を追求するという目的がある．

3 - 布の象徴作用

　あるプロジェクトには，特に開発のような第三世界の国の政策には，明確なヴィジョンが必要とされる．むしろそういったなかで，発生当初の事態からまるで方向性を明確に見定めていたようなプロジェクトがあった．
　いまでこそソーシャル・ビジネスという考え方や実践方法は，一定程度の認

知度を得ているだろうが，フェアトレードがそうであったことと同じように，経済開発を目指す方向性のなかで零れ落ちてしまう事態を打開しようと試みた保健医療や教育といった環境や人間開発などにかかわるプロジェクトが，その活動と連動した地域の産品と云えるものを商品取引として取り扱う方向が徐々に見えてきたという．

そのようななかで，地域の資源，協働関係，社会貢献，担い手の自己実現といった関連のあるビジネスを展開するものを，ソーシャル・ビジネスと呼ぶようになった．

タイ，パヤオ県チェンカム郡メータム村にあるバーントーファン（Baan Tho Fan）という NGO 兼人々の集まりが多くを教えてくれるだろう．

このプロジェクトは，女性たちが農業を守り，出稼ぎを防止する目的のために副収入を創出する活動として1995年に始まった．1980年代，日本へのルートもあるような，性産業に送り込まれることを防止し，[3)] 若い女性たちに教育や職業訓練の活動を始めた女性がいた．

そこで洋裁訓練を終了した女性たちのなかには，都会に働きに行き，稼ぎの割の良い性産業におこなってしまうという事態も起こった．そこで，地元で仕事を創出するという目的を持った事業を始めたのである．最初は女性たちの村から離れたところにある創設者の女性のもとでおこなっていたが，彼女たちは通うバイクが無い状況や，毎日仕事に来られないなどの悩みがあり，自分たちの村で独立するようになった．メンバーの女性のなかの誰かの家などを転々として作業を進めていたが，その後，作業所を建てることができた．

少数民族のヤオ族の刺繍をあしらった鞄や小物類を製作し主に日本で販売している．これは，同郡の山地に住む少数民族の女性たちへの経済的支援にもなっている．刺繍グループは40名ほどいるが，こうした人々の子どもたちへの奨学金支援も始まっている．海外に出稼ぎに行く人もいたり，また他地方へ豆乳を売りにおこなった人もいるという．ヤオ族の刺繍には，ライソーという技術が宿り，ひとつひとつの柄には，とうもろこし，虎の足跡，魚といった象徴的意味が込められている．

2003年には OTOP（One Tambon One Product Concept：一区一品運動）商品として認可も受けている．OTOP とは，2001年10月に開始され，タクシン・シ

ナワット政権時に，一地区に100万バーツ（約300万円）を投じて農村を活性化することで，都市と農村との格差を解消するために，大分県の「一村一品運動」[4)]に習って政府が主導したプロジェクトである．実は，後に物価上昇が起こった事情もあった．こうしたなかにおいて郡レベルの製品のなかに，メータムグループの製品が選ばれていた．

　また，利益の一部を地域の福祉に還元する活動もおこなっている．メータムグループは，地元の材料を用い，少数民族の伝統文化の継承をし，丁寧な布製品を仕上げるという仕事の本質をつく品物を提供する．

　以下，いくつかの質問をし，二名のスタッフにインタビューをした．

１．ミシンはどこから仕入れたのか？
　　　　————中国産のもの，日本の会社のものもあったが，タイ国内で出回っ
　　　　ている製品であり，チャンカム（近くの町の名前）で購入した．

２．農業と縫製の仕事とどちらのほうが好ましいか？
　　　　————農業は職業．田んぼもしており，果物の木も育てている．
　　　　縫製は副収入としての役割がある．しかし，決して辞めたいとは思わな
　　　　い仕事であり，続けたい．最初から友人と一緒にやろうと決め，始めた
　　　　ので，このプロジェクトを辞めるのは惜しい．15歳からやっている．
　　　　型紙を作ってやるのだが，その過程で合ったものをつくるのが難しい．
　　　　————縫製の仕事のほうがよい．17歳からやっている．特にズボンを縫
　　　　うのが難しい．新しいデザインを試して製品化するとき，ボタンやポ
　　　　ケットを付けるなど，気が張る．また，小物やバックの縁どりのところ
　　　　がややこしい．ファスナーを付けることなど，ゆがんだり，まっすぐし
　　　　たりするのをすんなりこなすのはややこしいところがある．
　　　　すでにあるデザインの注文のほうがやりやすいが，新しいものを注文し
　　　　てこられることもある．
　　　　————型紙は自分たちで作る．以前は藍染や黒い布をビルマから，またラ
　　　　オス国境のモン族の人たちから購入していた．現在は，あずき色やグレー，
　　　　少しくすんだ草木染の手作りの布をメースワイの女性から仕入れている．

3．新しい人が入ってきたり，子どもたちが研修として訪れることもあるが，
　教えるときに難しいことは何か．

　　　　　―――――最初は行程を覚えるまでに時間がかかる．また，数が多いので，
　　　持続する気持ちがないとできにくい．覚えられないと難しい．

　　　　　―――――工場の下請けの仕事は，縦線で縫うものが多いが多少まがっても
　　　いい．ここの製品は種類が多いし，正確さを要求される．弧を描いたり，
　　　ポケットの処理をしたりするといった細かいところが多く，好きじゃな
　　　いとできない仕事．だからこそ難しいものもやってやろうという気にな
　　　る．

　　　　　―――――注文が来て，見本がくると，最初はすぐにはできないが，何とか
　　　して試みるとできるようになっている．新しいものに挑戦する好奇心や，
　　　もっとやってみたいという気持ちが出てくる．

　　　　　―――――長年やってきてみて，今は，市場で布製品の小物があったら，そ
　　　れがどうやってできているのかわかるようになった．

　　　　　―――――工場の仕事を選んで2～3年離れてしまった人は，もうここの仕
　　　事はできないのではないか．工場の仕事の人は，夜10時か11時まで一日
　　　中座っており，出血した人を知っている．ただ稼ぐだけで，技術は残っ
　　　ていかないのではないか．

　　　　　―――――ここの仕事は立ったり座ったり，歩いたりして健康を保てる．

　　　　　―――――しかし，工場労働へ移った人は，逆に，ここの仕事は成長してい
　　　ないという言い方をする．

　　　　　―――――この仕事が無くなったらどうしようか迷っている．自分で製品を
　　　作って売ろうかとも思っている．（今でも知り合いに頼まれると作っている）．

4．自分が創ったものを持っていて使っている人がいたらどう思うか？

　　　　　―――――バックなど，使っている人を見たら誇りに思う．

　　　　　―――――以前にOTOP（一村一品運動）に選ばれ，チェンカムに行き，県の
　　　販売店に委託販売として製品を置いていたら，自分たちの製品のデザイ
　　　ンを真似てより安く作って置いている店が出てきた．

　　　　　―――――店で，日焼けをして古くなり，色が褪せたものもあって置かない

ようにした.

――――ヤオ族の刺繍はあまりないが,モン族（中国系）の衣装を切り貼り（パッチワーク）した製品はよく見かける.

――――製品のコースターは,マネができない.

5．OTOP（一区一品運動）によって何かが変わったのか?

――――最初は刺激があり,やる気が出たが,仕事の量が増えた.

――――縫製技術の向上は望めたが,きちんとしないと技術的にいいものを出さないといけないというプレッシャーは増えた.

――――研修や講義などに参加して刺激になったが,最近はあまりない.

――――日本で買ってくれる人たちの要望でこちらの技術も向上した部分もある.

6．洋服づくりはしたいか?（プロジェクトで頼まれるものは小物やバックなどである）.

――――すでに作っているし,知り合いに頼まれると作り上げている.

――――簡素なものは作りたい.

――――型紙や材料費が高いものであるとそれをより高く売れるか心配なので,やりにくい.（ほとんど近所の人たち相手なので）

7．村の外,もしくは海外に出たいと思わないか?

――――遠くに行くと,すぐに家に帰りたくなった.

――――10年間バンコクで働いていたが,もう行きたいとは思わない.

8．伝統を受け継いで,守っているという意識はあるか?

――――ヤオ族の刺繍をやっている人たちがいなかったら,子どもたちにも伝えるということが廃れてしまう.

――――つねに意識して仕事をしている.

9．ここで働くことについて家族はどう思っているか?

――――子どもはああ,母が働いているなあと思っていると思う.何も

言わない．両親は家が違うので何も言わない．夫は，以前はあまりいい
顔をしなくてやるなと言っていたが，今は意識が変わった．
　──仕事があることがいいのではないかと理容師の夫は言っている．
両親や，夫の両親は家が近くにあり，よく通い，世話もしている．
　──他のスタッフも，夫は何も言わないで健康に関して心配をしてい
る人もいるが，夫がやるなと言って来なくなった人もいる．

10. 地域のなかでどう感じているか？　コミュニティという感覚はどれくらい
　　までを持っているか？
　　　　──同じ田んぼの続く3〜4村の人たちはほとんどが知り合い．ひと
　　つの村よりも広い地域をコミュニティと思う．
　　　　──少し離れた夫の村までが知り合いだが，ひとつの村よりも狭い感
　　覚．家族の及ぶ範囲がコミュニティ．

11. 製品を通じて海外とつながっているということについてどう思うか？
　　　　──うれしい．日本の友人がいるのはいい．
　　　　──うれしい．普段生活していたら会えない．日本に行く機会があっ
　　たとき，何かのついでに電話などして尋ねたい．一緒に食卓を囲んだり
　　したことを思い出している．
　　　　──スタディーツアーなどで来られた人たちと家族のことも含めたい
　　ろいろな話をしてきた．身近に感じていることができているし，お互い
　　に思い合うことができている．向こう側の人たちが製品を売ってくれて
　　いることがわかるから，よりこちらも頑張らないといけないと思ってい
　　る．

　こうしたなかには，メンバーのなかで仕事の安定を求めて離れたり，姑の介
護で来れなくなったりする人もおり，少人数の作業所は決して安定的にあると
いうわけではないようである．タイにおける政策の一環として最低賃金が全国
一律300バーツ（一日）に引き上げられていたが，北部タイでは，零細企業や農
民は追いつめられる事態があるという．バーントーファンにおいても，刺繍代，

縫製代は，最低賃金に達してはいないという．一日他の用事もせずに集中して縫製しても，一日200バーツにもならない．それゆえに夫からは辞めろと言われる人もいたという．その他，注文する商品の種類も増え，それぞれに異なる技術が要求され，人を増やそうとしてもなかなかうまくは行かない実情がある．

　注文数も少量で種類がバラバラ，色もバラバラ，ゆえに作業の手順も工場生産のようにはいかず，非効率的である．細かく高い縫製技術が要求されるうえに数量が少なく，ひとつずつ縫わざるを得ない．非効率的で縫製費が安いとなると，みんなの士気も下がり，新しい人が入ってきても長くはもたないという．工場の下請けの仕事と比べても，その3割ほどの給料となり，それほどもない時期もある．

　ただ，タイの国王が提唱されているという「充足経済（ほどほどに満足する）」という価値観，生き方を選ぶ人もあるというなか，バーントーファンはこうした充足経済に相応しい働き方とも言えるという．

4 - オルタナティブな構造のあり様

　フィリピン，マニラにあるランパラハウスは主に日本にエンターテイナーとして働きに来て子どもが生まれ，帰国して生活しているシングルマザーが中心になって，織物の縫製をしている施設である．職業用ミシンが3台並び，対面には作業台があり，その奥には料理場があり，生活と仕事を女性たちがその場でおこなっている．

　1990年代に日本に来て，パブやスナックで働き，同伴なども多くこなす仕事のなかで，子どももできたが，こうした女性たちを主に法制度的側面でフィリピンで支えるバティスというNGOがあり，JFC（ジャパニーズフィリピーノチルドレン）の子どもたちのピアグループもできている．また，こうしたグループのなかには演劇による社会啓発活動もおこなっているものもある．

　日本においても外国籍女性は，ドメスティック・バイオレンスに遭った場合など，母子生活支援施設で暮らしながら，生活保護を受けたり，就労したり，多くの支援を受けながら生活を確保している．そうした場合，親権の訴訟や子どもの学習支援など，身近で相談し，同行してくれる支援者がいないと暮らし

が成り立たない場合が多い.

　こうした NGO との連携がありながら,ランパラハウスでは,日本の支援者からの注文,また JICA（国際協力事業団）からの注文などをこなしながら,縫製品を仕上げている.2015年3月に筆者がランパラハウスに訪問した時には,JICA から会議等で配布する簡易バッグを注文され,500個ほどを一週間で仕上げるという仕事に取り掛かっていた.簡易なものだが,フィリピン・ルソン島の縞柄をポケットにし,商標も付けるという作業を延々と少人数でこなしていた.型紙づくりから裁断,縫製,仕上げまで,どれも納期より早く作るようにしていた.

　このようなやり方は,バーントーファンでのインタビューにも見られるように,工場での時間制限の厳しい仕事のやり方と職人肌気質で丁寧にゆっくり仕上げるやり方として対比されるだろう.

　日本で見るフェアトレード製品でも多くみられるネパール産製品のなかにも,こういったジェンダー構造に配慮したものがある.ネパールは,インドに女性が人身売買されるという事態が続いているが,1996年にインドの警察の一斉捜査が入ったところ,500人が18歳以下であったという.ネパール政府側は帰国を拒否するという状況になっていたが,シャクティ・サムハという NGO は,こうした人身売買に遭った女性たちへの支援と女性たち自身が仕立てる織物や小物,アクセサリーなどをフェアトレードとして販売している.実は,SE-POM（Self-empowerment program of migrant women）というタイで日本の性産業に戻ってきた女性たちへのサポートをしている NGO の当事者スタッフは,このシャクティ・サムハのメンバーと交流し,ともに研修をおこなったこともあるという.織物についても,日本のさをり織という簡易で色とりどりの製品ができる方法を日本の支援者たちが伝えていき,縫製品としてフィリピン（上述の NGO など）で加工するという流れもできている.やはり,人身売買に遭うという事態のなかで,こうした支援には,女性が自分自身への信頼を取り戻すという権利意識の必要性が問われているが,そのなかで,こうした縫製品の作業は,何事にも代えがたい作品としての成立の時間を作り出しているところがあるだろう.

　私たちは,普段,労働と資本は象徴様式であるということを忘れている.

フェアトレードにおいて生産，消費をするというサイクルは，市民的な人々の交流という面もありながら，商品のフェティシズムはいかに私たちが資本の作り手であるのか，という面を忘れさせていくこともある．

　こうしたなかにおいて，フェアトレードが社会倫理性を見いだし，グローバル社会のなかで地球市民という理想性を追求することをどう考えたらよいだろう．

　ドゥルシラ・コーネルは，道具的理性が引き起こした悪夢を描く「啓蒙の弁証法」[6]の世界のなかでも，象徴様式が自己進化ではなく，多彩性や生気にあふれる様式のユートピアに賭けることができ，啓蒙の哲学それ自体にこうした様式が埋め込まれていると述べる．後期資本主義のなかに投げ込まれていると，人間はシニカルで，自己利益を追求する生物であり，リスクを最小限にして富を最大化するイメージで描かれ，ダーウィニズムの誤った導かれ方をする社会生物学の波に飲み込まれるとされる．

　しかし同時に，象徴様式の多数性は，イマニュエル・カントの人間性の理想につながることにもなるという．他者の立場や見識から世界を見ることを尊重するということは，フェアトレードの世界観の基本にあるのだろうが，それだけではなく，象徴様式の不可欠な多数性を尊重することを学ぶ必要があるという．これは，一方のみがおこなう非合理的な比較を通じるのではなく，それ自身のなかにある論理を象徴様式から読み取ることである．近代性は終わりのないプロジェクトとしてあり，ポスト植民地主義が引き続く世界で続けられるが，より公正な世界のために終わりのない象徴性の創造のプロジェクトも広がっているのだ［Cornell and Panfilio 2010: 92-94］．

　効率性が最大化するという側面に対し，どうしたらいいのか，という点は，文化というものは物質世界と分離できず，人間の活動と考えられているものは物質であり，それは象徴化の媒介を経て私たちの前に現れるという見方に続くだろう．ファブリック製品が目の前に販売され，それを身につけるという過程は，それ自体である象徴様式であり，もしそれに意味の多様なあり方を見いだすのなら，人はその象徴様式を通じて出会う世界を想像することができる．

　発展途上国の紡績業の大規模工場における人権侵害は指摘されているが，ブランドがある衣服のなかでそのような見方がなされるか，という点もまだ解明

されてはいない．しかし同時にほとんどのファッション店でどのように生地が
生産されているか，というところまで見いだすことは不可能である．消費者は，
実際の生産過程からは引き離されている．

　生地において，合成繊維以外は持続可能な資材ではあるが，コットン（綿）
は多くの化学肥料を用い，水資源が足りず，エネルギー消費率が高いため，農
民や加工過程にかかわる労働者を危険にさらす．フェアトレードの規制をかけ，
オーガニック綿や麻で代用することで，別の方向性が見いだせるとも言えるだ
ろう．

おわりに

　フェアトレードの移行のなかには，ソーシャル・ビジネスや地域おこしと
いった活動との結びつきがありながら，地球市民の倫理という考え方が敷かれ
ていると言うことができる．縫製品の原材料から，ほぼ手作業である製造過程，
販売，といった過程に想いを馳せるという消費者のあり方は，今後の社会経済
的側面を組み替える可能性も少なからずあるだろう．

　本章で展開したバーントーファンなどの取り組みは，フェアと呼ばれる社会
公正の懸け橋を試み，また自然のリズムに沿った点を大切にしていたと言える
ことができるだろう．

付記　フェアトレード販売をされている方々，NGO でいつも大変こちらの頭が下がるよう
　　　な支援の働きをされている方々の多くにインタビュー等において大変お世話になった．
　　　記して感謝申し上げたい．

　注
　1 ）　イギリス北部ランカシャー州の人口5000人の町ガースタングでは，獣医によってガー
　　　ナ産のチョコレートやコーヒーが町のあちこちで販売されるようになった．フェアト
　　　レード・タウンとしての動向は1997年あたりから始まっていったと言われる．
　2 ）　1885年にインド知識人階級の政治参加を促すために創設されたインドの主要な政党の
　　　国民会議派がガンディーの指導下で実施した大衆運動である．国民会議派は当初は親英
　　　的性格であったが，19世紀末に急進派が台頭すると自治，独立を掲げるようになり，ガ
　　　ンディーの非暴力不服従運動などを通じて独立運動の母体となった．スワデーシーの文

　字通りと意味は「自らの国」であり，国産品愛用や経済的自立を指す．

3）　同時期には，タイで DEP（Daughters Education Program）という NGO が設立し
　　ていた［高原 2006：Ch. 2］．

4）　大分県の大山や湯布院で始まった，多品目の作物を生産し，消費者に直接販売するシ
　　ステムを作り農家所得を上げたり，自然と生活が一体化する観光地づくりなどから地域
　　おこしをおこなう運動．1981年から顕賞活動も行われるようになった［足立 2015］．

5）　1968年に大阪で城みさをによって始められた手織りの手法．常識や既成概念にとらわ
　　れずに自由に織ることで，独自の感性を引き出すという．障がい者施設等でも行われて
　　いる．

6）　マックス・ホルクハイマーとテオドール・アドルノによる『啓蒙の弁証法』では，人
　　間が恐れから解放され，自身の主権を確立させるための神話的啓蒙が性的差異を隠蔽し
　　ながら描かれている．

あ と が き

本書の初出は次のとおりである．

第1章　「意識覚醒（CR）とフェミニズム認識論」『叢書アレテイア12　自由と自律』御茶の水書房，2010年9月

第2章　「演劇セラピーとエンパワーメント──タイ─日移住女性たちの経験から」『解放社会学研究 No. 23』日本解放社会学会，2010年

第3章　書き下ろし

第4章　「別の身体になること──エヴァ・ヘスの空間性と自己意識」『金城学院大学論集・社会科学編』第10巻第1号2013年9月

第5章　書き下ろし

第6章　書き下ろし

第7章　書き下ろし

第8章　書き下ろし

第9章　「ファブリック製品とジェンダーに配慮した生産──フェアトレードの試みを通じて」『金城学院大学論集・社会科学編』第12巻第1号2015年9月

研究の道に進もうと考えてから，多くの方々に導きを与えて頂いた．故廣田昌希先生，杉原達先生，冨山一郎先生，荻野美穂先生，子安宣邦先生，故中村生雄先生，川村邦光先生，重松伸司先生には，学位論文や専門のゼミナールを通じて学徒としての教えを頂いた．

その後，ジェンダー論の道へと進むには，一筋縄にはいかない研究状況と方向性が広がっていたが，その時に研究会などで出会った河口和也さん，風間孝さん，堀江有里さん，石井香江さん，金友子さん，新ケ江章友さんには，研究上の悩みを（お互い，ではなく一方的だったかもしれないけれども）聞いてもらいながら，なんとか形がない中で大学の講義や論文にいそしんでいくことができたと思う．大学院のゼミで一緒であった成定洋子さん，崔博憲さん，金城正樹さん，

畑中小百合さんをはじめとする仲間には，多くの機会に助けて頂いた．

　「日本解放社会学会」，「女性・戦争・人権」学会では，発表の場や論文投稿の場を与えて頂き，それによって散逸していた思考をいくつかの形にまとめることができた．

　つながれっと NAGOYA（名古屋市男女平等参画推進センター）で出会った渋谷典子さん，山本由美子さんをはじめ多くの同志の方々，如田真理さん，杉戸ひろ子さんには，支援や実践の現場で，研究することの大切さを教えていただいた．

　また，前著『媒介者の思想』の書評をしてくださった青山薫さん，菊地夏野さんには，多くの示唆を頂いた．さらに，クイア学会を通じて出会った方々，金井淑子先生を通じて知り合った方々には，今も引き続いてお世話になっている．

　金沢大学の仲正昌樹さんには，コーネルやフレーザーの翻訳，さらに論文執筆の場を与えて頂き，この過程で本書へと繋がる視点へと達することができたと思っている．

　また，カルチュラル・スタディーズ（文化研究）との出会いには，研究上の転換点を与えてもらった．本書の方向性は，領域横断的な社会学においては，見いだすことができなかった文化，アートの視座をなんとか掴もうとしている．

　本橋哲也さん，上野俊哉さん，毛利嘉孝さん，小笠原博毅さん，清水知子さん，田中東子さん，山本敦久さん，井上弘貴さんをはじめ多くの出会った研究者の方々には，今も何かと助けて頂いている．

　また，中京大学にて「平和論」の講義をしないか，と持ちかけてくださった金敬黙さんには，今こそ自分のできることを研究において展開するようにする意志を気づかせて頂いた．

　また，本書の「フラジリティ（感性）」の領域（文化表象の領域）へと導いてくださった社会思想史学会の大貫敦子さんには，深く感謝申し上げたい．

　文学，思想の方向からフェミニズムを考えるにあたり，対馬美千子さんには，何度かお話する機会を作っていただき，いつも人生と研究が地続きであることを確かめさせてもらっていた．

　国立女性教育会館で一緒に働いた越智方美さん，渡辺美穂さん，石倉香鈴さんをはじめ多くの同僚の方々，現在の金沢星稜大学人文学部の同僚の方々には，

日々研究に対する多くの示唆と支えを頂いている（いた）．また，長年講義を受けてフィードバックをくれる学生さんたち，ゼミで議論をしている学生さんたち，論文を書く学生さんたちには，こちらのほうがいつも新しい論点に気づかせてもらっている．

　本書は，金沢星稜大学総合研究所から出版助成を頂いている．記して感謝申し上げたい．

　また，今後の方向性としてのフェアトレードの地域連携，その理論的背景とタイやフィリピンへのフィールドワークにおいては，2015年に上廣倫理財団から，研究助成を頂いている．長い間の研究が具体的な出版や地域貢献へと結実していることを喜びを持って感謝したい．

　晃洋書房の丸井清泰さん，坂野美鈴さんには，きめ細やかで丁寧な編集をいただき，記して感謝申し上げたい．

　最後に，多くの友人たち，千葉と静岡の拡大家族，母の介護に携わって下さる方々に深く感謝して，本書の筆をおきたいと思う．

　2023年 2 月

　　　　　　　　　　　　　　金沢にて　　高 原 幸 子

参 考 文 献

〈欧文献〉

Agamben, G. [1993] *Infancy And History—— On the Destruction of Experience*, translated by L. Heron, Verso (originally published in 1978)（上村忠男訳『幼児期と歴史——経験の破壊と歴史の起源』岩波書店，2007年）.

Angst, L. [1997] "Gendered Nationalism: The Himeyuri Story and Okinawan Identity in Postwar Japan," *Political and Legal Anthropology, Political and Legal Anthropology Review,* 20(1).

APWLD [2003] *A Guideline to Feminist Counselling.*

———— [2005] *Feminist Legal Theory and Practice Training.*

Arendt, H. [1958] *The Human Condition,* second edition, The University of Chicago Press（志水速雄訳『人間の条件』筑摩書房（ちくま学芸文庫），1994年）.

Arendt, H. [1963] *On Revolution,* Penguin Books（志水速雄訳『革命について』筑摩書房（ちくま学芸文庫），1995年）.

Barthes, R. [1980] *La Chambre Claire: Note sur la Photographie,* Gallimard（花輪光訳『明るい部屋—写真についての覚書』みすず書房，1985年）.

———— [1981] *Camera Lucida-Reflections on Photography,* translated by Richard Howard, Vintage.

Bayes, J. [2015] *Empowerment—— Understanding the Theory Behind Empowement,* Dunamis Publications.

Benjamin, W. [1968] "Theses on the Philosophy of History," in *Walter Benjamin Illuminations: Essays and Reflections,* edited by H. Arendt, Schocken Books（浅井健二郎編訳，久保哲司訳「歴史の概念について」『近代の意味』筑摩書房（ちくま学芸文庫），1995年）.

———— [2004] "On language as such and on the Language of Man," in *Selected Writings, V1,* translated by E. Jephcott, Harvard University Press（浅井健二郎編訳，久保哲司訳「言語一般および人間の言語について」『ベンヤミン・コレクション I －近代の意味』筑摩書房，1995年）.

———— [2004] "Fate and Character," in *Selected Writings, V1,* translated by Edmund Jephcott, Harvard University Press（浅井健二郎訳「運命と性格」『ドイツ悲劇の根源』（下巻），筑摩書房，1999年）.

———— [2004] "Language in Trauerspiel and Tragedy," in *Selected Writings, V1,* translated by R. Livingstone, Harvard University Press（浅井健二郎訳「近代悲劇とギリシア悲劇における言語の意味」『ドイツ悲劇の根源』（下巻），筑摩書房（ちくま学芸文庫），1999年）.

Bennett, J. [2015] *Vibrant Matter: A Political Ecology of Things*, Duke University Press.

Brooke [1975] "The Retreat to Cultural Feminism," in K. Sarachild ed., *Feminist Revolution*, Random House New York.

Brownmiller, S. [1999] *In Our Time: Memoir of A Revolution*, The Dial Press.

Burke, E. [1757] *A Philosophical Enquiry into the Origin of Our Ideas of the Sublime and the Beautiful*, Oxford World's Classics（中野好之訳『崇高と美の観念の起源』みすず書房，1999年）．

Butler, J. [1990] *Gender Trouble*, Roultedge（竹村和子訳『ジェンダートラブル―フェミニズムとアイデンティティの攪乱』青土社，2019年）．

――――[1995] *Bodies That Matter*, Roultedge（佐藤嘉幸監修，竹村和子・越智博美訳『問題＝物質となる身体――「セックス」の言語的境界について』以文社，2021年）

――――[1997] *Excitable Speech: A Politics of the Performative*, Routledge（竹村和子訳『触発する言葉――言語・権力・行為体』岩波書店，2004年）．

――――[1997] *The Psychic Life of Power*, Stanford University Press（佐藤嘉幸・清水知子訳『権力の心的な生――主体化＝服従化に関する諸理論』月曜社，2012年）．

――――[2000] *Antigone's Claim-Kinship Between Life and Death*, Columbia University Press（竹村和子訳『アンティゴネーの主張』青土社，2002年）．

――――[2004] *Precarious Life: The powers of Mourning and Violence*, Verso（本橋哲也訳『生のあやうさ――哀悼と暴力の政治学』以文社，2007年）．

――――[2005] *Giving an Account of Oneself*, Fordham University Press（佐藤嘉幸・清水知子訳「自分自身を説明すること――倫理的暴力の批判」月曜社，2008年）．

――――[2009] *Frames of War: When is Life Grievable?* Verso（清水晶子訳『戦争の枠組み――生はいつ嘆きうるものであるのか』筑摩書房，2012年）．

――――[2015] *Senses of the Subject*, Fordham University Press（大河内泰喜・岡崎佑香・岡崎龍・野尻英一訳『欲望の主体――ヘーゲルと二〇世紀フランスにおけるポストヘーゲル主義』堀之内出版，2019年）．

Butler, J., Laclau, E. and Zizek, S. [2000] *Contingency, Hegemony, Universality――Contemporary Dialogues on Left*, Verso（竹村和子・村山敏勝訳『偶発性・ヘゲモニー・普遍性――新しい対抗政治への対話』青土社，2002年）．

Cassirer, E. [1925a] *Die Philosophie Der Symbolischen Formen Bd. I.* Die Sprache（木田元訳『シンボル形式の哲学［一］第一巻　言語』岩波書店（岩波文庫），1991年）．

――――[1925b] *Die Philosophie Der Symbolischen Formen Bd. II.* Das Mytische Denken（木田元訳『シンボル形式の哲学［二］第二巻　神話的思考』岩波書店（岩波文庫），1991年）．

――――[1929] *Die Philosophie Der Symbolischen Formen Bd. III.* Phänomenologie der Erkenntnis（木田元訳『シンボル形式の哲学［三］第三巻認識の現象学』（上下巻），岩波書店（岩波文庫），1994／1997年）．

――――[1936] *Determinismus und Indeterminismus in der modernen Physik, His-*

torische and Systematische Studien zur Kausalproblem（山本義隆訳『現代物理学にお
ける決定論と非決定論』学術書房，1994年）.

───── [1944] *A Essay On Man*, Yale University Press（宮城音弥訳『人間』岩波書店
（岩波文庫），1997年）.

───── [1946] *The Myth of the State*, New Haven Yale University Press（宮田光雄訳
『国家の神話』講談社（講談社学術文庫），2018年）.

───── [1985] *Symbol, Technik, Sprache*, Felix Meiner Verlag GmbH（篠木芳夫・高
野敏行訳『シンボル・技術・言語』法政大学出版局，1999年）.

───── [1996] *The Philosophy of Symbolic Forms Volume 4 The Metaphysics of Symbolic Forms*, edited By J. M. Krois and D. P. Verene, translated by J. M. Krois,
Yale University Press（笠原賢介・森淑仁訳『象徴様式の形而上学──エルンスト・
カッシーラー遺稿集　第一巻』法政大学出版局，2010年）.

───── [2016] *Language and Myth*, translated by S. K. Langer, Dover Publications
(originally published in 1946).

Cavarero, A. [2000] *Relating Narratives ── Storytelling and Selfhood*, translated by P.
A Kottman, Routledge.

Corby, V. [2010] *Eva Hesse: Longing, Belonging and Displacement*, Tauris Academic
Studies.

Cornell, D. [1998] *At the Heart of Freedom*, Princeton University Press（石岡良治・久
保田淳・郷原佳似・南野佳代・佐藤朋子・澤敬子・仲正昌樹訳『自由のハートで』情況
出版，2001年）.

───── [1999] *Beyond Accommodation ── Ethical Feminism, Deconstruction, and the
Law*, second edition, Rowman & Littlefield Lanham（仲正昌樹監訳『脱構築と法──
適応の彼方へ』御茶の水書房，2003年）.

───── [2008] *Moral Images of Freedom ── A Future For Critical Theory*, Rowman
& Littlefield（吉良貴之・仲正昌樹監訳，伊藤泰・小林史明・池田弘乃・関良徳・西迫
大祐訳『自由の道徳的イメージ』御茶の水書房，2015年）.

Cornell, D. and Panfilio, K. M. [2010] *Symbolic Forms for A New Humanity ── Cultural and Racial Reconfigurations of Critical Theory*, Fordham University Press.

Fer, B. [2002] "Bordering on Blank: Eva Hesse and Minimalism," in M. Nixon ed.,
Eva Hesse, The MIT Press (originally published in 1994).

Foster, H. [1996] *The Return of the Real*, The MIT Press.

Freire, P. [1970a] *Pedagogy of the Oppressed*, translated by M. B. Ramos, Continuum
（小沢有作・楠原彰・柿沼秀雄・伊藤周訳『被抑圧者の教育学』亜紀書房，1979年）.

───── [1970b] *Cultural Action for Freedom* by president and friends of Harvard
college（柿沼秀雄訳『自由のための文化行動』，亜紀書房，1984年）.

Friedman, M. [2000] *A Parting of the Ways Carnap, Cassirer, and Heidegger*, Open
Court.

Gilroy, P. [1993] *The Black Atlantic: Modernity and Double Consciousness*, Verso（上野

俊哉・毛利嘉孝・鈴木慎一郎訳『ブラック・アトランティック——近代性と二重意識』月曜社, 2006年).

Gordon, P. E. [2010] *Continental Divide——Heidegger, Cassirer, Davos,* Harvard University Press.

Heidegger, M. [1927] *Sein Und Zeit,* 1, M. Niemeyer (中山元訳『存在と時間』2, 光文社 (光文社文庫), 2016年).

Hooks, B. [1993] *Sisters of the Yam——Black Women and Self-recovery,* South End Press.

———— [1994] *Outlaw Culture——Resisting Representations,* Routledge.

———— [1995] *Killing Rage——Ending Racism,* Henry Holt and Company.

———— [2000] *All About Love,* Harper collins.

Humm, M. [2003] "Memory, Photography, and Modernism: The "dead bodies and ruined houses" of Virginia Woolf's Three Guineas," *Signs,* 28(2).

Judd, D. [1965] "Specific Objects," *Arts Yearbook* 8 (1965).

Keller, H. [1902] *The Story of My Life,* Doubleday, Page & Coo.

Krauss, R. [2002] "Hesse's Desiring Machines," in M. Nixon ed., *Eva Hesse,* The MIT Press (originally published in 1993).

Hesse's saying [1970] Rosalind Kraus (October Files, *EVA HESSE,* The MIT Press, 2002).

Lamb, H. [2008] "Fighting the banana wars and other fairtrade battles," Fairtrade Foundation.

Lippard, L. [1976] *Eva Hesse,* New York University Press.

Lofts, S. G. [2000] *Ernst Cassirer: A "Repetition" of Modernity,* foreword by J. M. Krois, 2000 State University of New York Press.

Loughlin, K. A. [1993] *Women's Perception of Transformative Learning Experience within C-R* (Distinguished Disertations), Mellen Research University Press.

de Man, P. [1996] *Aesthetic Ideology,* edited with an introduction by Andrzej Warminski, The University of Minnesota Press (上野成利訳『美学イデオロギー』平凡社, 2013年).

Massy, D. [1994] *Space, Place, and Gender,* Polity Press, 1994.

Memmi, A. [2006] *Decolonization and the Decolonized,* translated R. Bononno, The University of Minnesota Press.

Mouffe, C. ed. [1996] *Deconstruction and Pragmatism,* Routledge (青木隆嘉訳『脱構築とプラグマティズム——来たるべき民主主義』法政大学出版局, 2002年).

Nermser, C. [2002] "A Conversation with Eva Hesse," in M. Nixon ed., *Eva Hesse,* The MIT Press (originally published in 1970).

Nixon, M. ed. [2002] *Eva Hesse,* The MIT Press.

Pincus-Witten, R. [1971] "Eva Hesse: Post-Minimalism into Sublime," *Artforum,* 10 (3).

Ranciére, J.［2000］*Le partage du sensible: esthetique et politique*, La Fabrique-éditions, Paris（梶田裕訳『感性的なもののパルタージュ──美学と政治』法政大学出版局, 2009年）.

─────［2010］*The Future of the Image*, translated by G. Elliot, Verso（堀潤之訳『イメージの運命』平凡社, 2010年）.

Redstockings［1975］"The Pseudo-Left/Lesbian Alliance Against Feminism," in 1975 *Feminist Revolution*, Random House New York.

Sarachild, K.［1975］"Consciousness-Rasing: A Radical Weapon in Redstockings," in K. Sarachild ed., *Feminist Revolution*, Random House New York.

Singer, R.［2010］*Sew Eco-Sewing sustainable and re-used materials*, A&C Black, London.

Skidelsky, E.［2008］*Ernst Cassirer── The Last Philosopher of Culture*, Princeton University Press.

Sontag, S.［1977］*On Photography*, Farrar, Straus and Giroux（近藤耕人訳『写真論』晶文社, 1979年）.

─────［2003］*Regarding the Pain of Others*, Farrar, Straus and Giroux（北條文緒訳『他者の苦痛へのまなざし』みすず書房, 2003年）.

Takahara S.［2008］"Community Art That Breathes: We Are Organic Creatures," *Signs*, 33(2).

Tsushima, M.［2003］*The Space of Vacillation*, Peter Lang.

Willis, E.［1992］*No More Nice Girls-Countercultural Essays*, Wesleyan University Press.

Willis, P.［2000］*The Ethnographic Imagination*, Polity Press.

Woolf, V.［1992］*A Room of One's Own and Three Guneas*, Oxford University Press（川本静子訳『自分だけの部屋』みすず書房, 1998年）.

〈邦文献〉

青山 薫［2007］『「セックスワーカー」とは誰か──移住・性労働・人身取引の構造と経験』大月書店.

アリストテレース［1997］『詩学』（松本仁助・岡道男訳）, 岩波書店（岩波文庫）.

足立文彦［2015］「一村一品運動研究の回顧と展望」『金城学院大学論集・社会科学編』11(2).

石井達郎［1993］『アウラを放つ闇──身体行為のスピリットジャーニー』PARCO 出版.

伊藤 守［2018］「カルチュラル・スタディーズとしての情動論──『感情の構造』から『動物的政治』へ」『年報 カルチュラル・スタディーズ』16,

イリイチ, I.・フレイレ, P.［1980］『対話──教育を超えて I. イリイチ vs P. フレイレ』（角南和宏ほか訳）, 野草社.

岩谷良恵［2005］「Consciousness-Raising（意識覚醒：CR）再考──アーレントの『政治』概念を通じて──」『学校教育学研究論集』（東京学芸大学）, 12.

江原由美子［1995］『装置としての性支配』勁草書房.

大貫敦子［1988］「異化」，今村仁司編『現代思想を読む辞典』講談社（講談社現代新書）.

岡本有佳・金富子編［2016］『〈平和の少女像〉はなぜ座り続けるのか』世織書房.

小田兼三・杉本敏夫・久田規夫編［1999］『エンパワメント──実践の理論と技法／これからの福祉サービスの具体的指針』中央法規.

オックスファム・インターナショナル［2006］『貧富・公正貿易・NGO──WTO に挑む国際 NGO オックスファムの戦略』（渡辺龍也訳），新評論.

香川 檀［2012］『想起のかたち──記憶アートの歴史意識』水声社.

加藤伊都子［2002］「CR 研──その後」『フェミニストカウンセリング研究』創刊号.

ガドッチ，M.［1993］『パウロ・フレイレを読む──抑圧からの解放と人間の再生を求める民衆教育の思想と実践』（里見実・野元弘幸訳），亜紀書房.

ガーフィンケル，H. ほか［1987］『エスノメソドロジー社会学的思考の解体』（山田富秋・好井裕明・山崎敬一編訳），せりか書房.

カルージュ，M.［1991］『独身者の機械──未来のイヴ，さえも』（高山宏・森永徹訳），ありな書房.

グティエレス，G.［1985］『解放の神学』（関望・山田経三訳），岩波書店（岩波現代選書）.

クライン，M.［1997］『メラニー・クライン著作集2，児童の精神分析』（衣笠隆幸訳），誠信書房.

クリスティヴァ，J.［1991］『詩的言語の革命』（原田邦夫訳），勁草書房.

ゴッフマン，A.［1984］『アサイラム──施設被収容者の日常世界』（石黒毅訳），誠信書房.

───［1987］『スティグマの社会学──烙印を押されたアイデンティティ』（石黒毅訳），せりか書房.

齊藤 伸［2011］『カッシーラーのシンボル哲学──言語・神話・科学に関する考察』知泉書館.

柴田寿子［2009］『リベラル・デモクラシーと神権政治──スピノザからレオ・シュトラウスまで』東京大学出版会.

鈴木敏正［1999］『エンパワーメントの教育学──ユネスコとグラムシとポスト・ポストモダン』北樹出版.

ジョセフ・スティグリッツ，J.，チャールストン，A.［2007］『フェアトレード──格差を生まない経済システム』（浦田秀次郎監訳・解説，高遠裕子訳），日本経済新聞出版社.

セン，A.［2000］『貧困と飢饉』（黒崎卓・山崎幸治訳），岩波書店.

園崎寿子［1999］「子どものエンパワメントをめざしたアジアでの実践──フィリピン・ペタ（PETA）の実践紹介」『国際人権ブックレット5 子どものエンパワメントを考える』解放出版社.

高橋宏幸編［2022］『国を越えて──アジアの芸術』彩流社.

高橋康也編［2002］『声と身体の場所』（21世紀文学の創造⑥），岩波書店.

高原幸子［2002a］「タイ女性をとりまく法的言説──桑名事件をめぐる事件性」『解放社会学研究』16.

───［2002b］「女性の自己決定とエンタイトルメント概念」『国立女性教育会館研究紀

要』6.

──── ［2005］「〈セックス・ワーク〉論と公共性」，仲正昌樹編『ポスト近代の公共空間』
（叢書アレテイア6），御茶の水書房.

──── ［2006］『媒介者の思想』ふくろう出版.

──── ［2010］「演劇セラピーとエンパワーメント──タイ─日移住女性の活動から」『解
放社会学研究』20.

──── ［2013］「別の身体になること──エヴァ・ヘスの空間性と自己意識」『金城学院大
学論集：社会科学編』10(1).

田上時子 ［1994］『CR（意識覚醒）グループ──ガイドラインとファシリテーターの役割』
家族社.

多木浩二 ［2002］『もし世界の声が聴こえたら──言葉と身体の想像力』青土社.

ダースグプタ，A. K. ［2010］『ガンディーの経済学──倫理の復権を目指して』（石井一也
監訳，坂井広明・小畑俊太郎・太子堂正称・前田幸男・森達也訳），作品社.

田中美津 ［1992］『いのちの女たちへ──とり乱しウーマン・リブ論』河出書房新社（河出
文庫）.

チャールトン，J. I. ［2003］『私たちぬきで私たちのことは何も決めるな──障害をもつ人に
対する抑圧とエンパワーメント』（岡部史信監訳），明石書店.

対馬美千子 ［2016］『ハンナ・アーレント──世界との和解のこころみ』法政大学出版局.

鄭 栄桓 ［2016］『忘却のための「和解」』世織書房.

トゥアン，Y. ［2008］『トポフィリア』（小野有五・阿部一訳），筑摩書房（ちくま学芸文庫）.

テユルン，T.-D. ［1993］『売春──性労働の社会構造と国際経済』（田中紀子・山下明子訳），
明石書店.

ドゥルーズ，G.・ガタリ，F. ［2006］『アンチ・オイディプス──資本主義と分裂症・上』
（宇野邦一訳），河出書房新社（河出文庫）.

トッド，E. ほか ［2011］『自由貿易という幻想──リストとケインズから「保護貿易」を再
考する』（石崎晴己ほか訳），藤原書店.

ニコルズ，A.・オパル，O. 編 ［2009］『フェアトレード──倫理的な消費が経済を変える』
（北澤肯訳），岩波書店.

ハイデッガー，M. ［1997］『「ヒューマニズム」について──パリのジャン・ボーフレに宛て
た書簡』（渡邊二郎訳），筑摩書房（ちくま学芸文庫）.

パーカー，R.・ポロック，G. ［1992］『女・アート・イデオロギー──フェミニストが読み
なおす芸術表現の歴史』（萩原弘子訳），新水社.

パシュラール，G. ［2002］『空間の詩学』（岩村行雄訳），筑摩書房（ちくま学芸文庫）.

長谷川祐子 ［2010］『女の子のための現代アート入門── MOT コレクションを中心に』淡
交社.

ハーマン，J. L. ［1999］『心的外傷と回復』（中井久夫訳），みすず書房.

フーコー，M. ［2010］「カント基本用語集」『カントの人間学』（王寺賢太訳），新潮社.

ブラウン，M. B. ［1998］『フェア・トレード──公正なる貿易を求めて』（青山 薫・市橋秀
夫訳），新評論.

フリードマン，J.［1995］『市民・政府・NGO――「力の剝奪」からエンパワーメントへ』（斉藤千宏・雨森孝悦監訳），新評論.

フレイレ，P.［2001］『希望の教育学』（里見実訳），太郎次郎社.

ベンヤミン，W.［1995］『ベンヤミン・コレクションI――近代の意味』（浅井健二郎編訳，久保哲司訳），筑摩書房.

ポンパイチット，P.［1990］『マッサージガール』（田中紀子訳），同文舘出版.

マクロビー，A.［2022］『ネオリベラリズム――フェミニズムとレジリエンスの政治』（田中東子・河野真太郎訳），青土社.

宮地尚子［2005］『トラウマの医療人類学』みすず書房.

森田ゆり［2002］『癒しのエンパワメント――性虐待からの回復ガイド』築地書館.

ユヌス，M.［2010］『ソーシャル・ビジネス革命――世界の課題を解決する新たな経済システム』（岡田昌治監修，千葉敏生訳），早川書房.

ランサム，D.［2004］『フェア・トレードとは何か』（市橋秀夫訳），青土社.

ルコック，J.［2003］『詩を生む身体――ある演劇創造教育』（大橋也寸訳），而立書房.

渡辺龍也［2010］『フェアトレード学――私たちが創る新経済秩序』新評論.

〈資料〉

『資料日本ウーマン・リブ史　I』「れ・ふぁむ」女性問題研究会，ふかい・ちかこ.

『資料日本ウーマン・リブ史　I』「れ・ふぁむ」女性問題研究会，中山潔子.

『資料日本ウーマン・リブ史　I』『無名通信』No. 8，1968年12月1日，河野信子.

『資料日本ウーマン・リブ史　I』（北海道・メトロパリチェン，「斗！おんな」8号，1971年7月，カール・マルクス『経済学・哲学草稿』からの引用，思想集団エス・イー・エックス，1970年，もり・せつこ.

索　引

《著者紹介》

高 原 幸 子（たかはら　さちこ）

　1971年静岡県生まれ.
　大阪大学大学院文学研究科博士後期課程満期取得退学.
　現在，金沢星稜大学人文学部国際文化学科准教授.
　著書に，『媒介者の思想』（ふくろう出版，2006年）.
　共訳書に，『《アジア》，例外としての新自由主義』（作品社，2013年），『理想を擁護する──戦争・
　民主主義・政治闘争──』（作品社，2008年）などがある.

エンパワーメントの詩学
　──フェミニズム×カウンセリング, 従軍慰安婦, アート, ジェンダー, フェアトレード──
2023年3月30日　初版第1刷発行

著　者　　髙原幸子ⓒ
発行者　　萩原淳平
印刷者　　江戸孝典

発行所　　株式会社　晃洋書房
　　　　　京都市右京区西院北矢掛町7番地
　　　　　電話　075 (312) 0788代
　　　　　振替口座　01040-6-32280

印刷・製本　共同印刷工業㈱
装幀　吉野　綾
ISBN978-4-7710-3757-1